农村金融创新团队系列丛书

农村正规金融机构双重目标兼顾研究

曲小刚　著

中国金融出版社

责任编辑：张怡姮
责任校对：刘　明
责任印制：丁淮宾

图书在版编目（CIP）数据

农村正规金融机构双重目标兼顾研究（Nongcun Zhenggui Jinrong
Jigou Shuangchong Mubiao Jiangu Yanjiu）/曲小刚著．—北京：中国金
融出版社，2014.12
　　（农村金融创新团队系列丛书）
　　ISBN 978 - 7 - 5049 - 7487 - 7

　　Ⅰ. ①农…　Ⅱ. ①曲…　Ⅲ. ①农村金融—金融机构—研究—中国
Ⅳ. ①F832. 35

中国版本图书馆 CIP 数据核字（2014）第 066625 号

出版
发行　　中国金融出版社
社址　北京市丰台区益泽路 2 号
市场开发部　（010）63266347，63805472，63439533（传真）
网 上 书 店　http://www. chinafph. com
　　　　　　（010）63286832，63365686（传真）
读者服务部　（010）66070833，62568380
邮编　100071
经销　新华书店
印刷　利兴印刷有限公司
尺寸　169 毫米 ×239 毫米
印张　13. 75
字数　216 千
版次　2014 年 12 月第 1 版
印次　2014 年 12 月第 1 次印刷
定价　32. 00 元
ISBN 978 - 7 - 5049 - 7487 - 7/F. 7047
如出现印装错误本社负责调换　联系电话（010）63263947

作者简介

曲小刚，男，博士，中央财经大学博士后，中国传媒大学经济与管理学院副教授，从事金融学、证券投资学、财政学等课程的教学。研究方向：文化产业投融资（文化金融）、农村金融。中国传媒大学 MBA 学院学术导师，中国传媒大学传媒经济研究所研究人员。

在《中国农业大学学报》（社会科学版）、《农业技术经济》、《农村经济》、《华东经济管理》、《金融论坛》、《西北农林科技大学学报》（社会科学版）、《华南农业大学学报》（社会科学版）等学术期刊发表学术论文 30 多篇。其中两篇被中国人民大学书报资料中心《金融与保险》杂志全文转载。出版专著 1 部，参与编写图书和辞典 3 部。主持并完成省部级课题一项和校级培育项目一项。

序言一

　　农村金融是农村经济发展的"润滑剂"，农村金融市场是农村市场体系的核心。党和国家历来重视农村金融发展，党的十八届三中全会明确提出了扩大金融业对内对外开放，在加强监管的前提下，允许具备条件的民间资本依法发起设立中小型银行等金融机构，进一步发展普惠金融，鼓励金融创新，丰富农村金融市场层次和产品，同时赋予农民对承包地占有、使用、收益、流转及承包经营权抵押、担保权能，为下一步农村金融改革指明了方向。2004—2014年连续11个中央"一号文件"从不同角度提出了加快农村金融改革、完善农村金融服务、推动农村金融制度创新，这些农村金融改革创新的政策、决定对建立现代农村金融市场体系、完善农村金融服务、提升农村金融市场效率起到了积极的推动作用。但是，当前农村金融发展现状距离发展现代农业、建设社会主义新农村和全面建成小康社会的目标要求仍有较大差距，突出表现在：农村金融有效供给不足且资金外流严重、农村金融需求抑制、市场竞争不充分、市场效率低下、担保抵押物缺乏等，农村金融无法有效满足当前农村发展、农业增产和农民增收的现实需要。进一步推动农村金融改革、缓解农村金融抑制、加快农村金融深化、鼓励农村金融创新以及提升农村金融服务效率，任重道远。

　　根据世界各国经济发展的经验，在城市化进程中，伴随着各类生产要素不断向城市和非农产业的流动，农村和农业必然会发生深刻的变化。改革开放以来，中国经济取得了举世瞩目的成就，农村经济体制改革极大地调动了亿万农民的积极性，经济活力显著增强。经济快速发展的同时，城乡发展不平衡、城乡收入差距扩大、农村经济落后等问题也日渐凸显，"三农"问题则是对这些突出矛盾的集中概括。"三农"问题事关国家的发展、安全、稳定和综合国力的提升，历来是党和政府工作的重中之重。金融是现代经济的核心，农村金融发展对农村经济发展至关重要，解决"三农"问题离不开农村金融支持。由于中国农村金融不合理的制度安排，农村金融抑制现象严重，农村金融与农村经济并未形成互动共生、协调发展的局面，农村金融资源配置功能并未真正得到发挥，滞后的农村金融在一定程度上抑制了农村经济的发展。

1978 年改革开放至今，农村金融改革的步伐不断加快，经历了农村金融市场组织的多元化和竞争状态的初步形成、分工协作的农村金融体系框架构建、农村信用社主体地位的形成，以及探索试点开放农村金融市场的增量改革四个阶段。农村金融改革取得初步成效，多层次、多元化、广覆盖的农村金融体系基本形成，农村金融供求矛盾逐步缓解，农村金融服务水平显著提高，农村金融机构的经营效率明显提升，农村信用环境得到有效改善。然而，农村金融仍然是农村经济体系中最为薄弱的环节，资金约束仍然是制约现代农业发展和新农村建设的主要的"瓶颈"。在统筹城乡发展、加快建设社会主义新农村以及推进现代农业发展的大背景下，农村金融如何适应农村及农业环境的快速变化、如何形成"多层次、广覆盖、可持续"的农村金融体系、如何破解农村"抵押难、担保难、贷款难"的困境，推动农村金融更好地为农村经济发展服务，让改革的红利惠及 6.5 亿农民，依然是需要研究和解决的重大课题。

可喜的是，在西北农林科技大学，以罗剑朝教授为带头人的科研创新团队，2011 年 12 月以"西部地区农村金融市场配置效率、供求均衡与产权抵押融资模式研究"为主攻方向，申报并获批教育部"长江学者和创新团队发展计划"创新团队项目（项目编号：IRT1176）。近 3 年来，该团队紧紧围绕农村金融这一主题，对农村金融领域的相关问题进行长期、深入调查和分析，先后奔赴陕西、宁夏等地开展实地调研 10 余次，实地调查农户 5000 余户、涉农企业 500 余家，走访各类农村金融机构 50 余家，获得了大量的实地调研数据和第一手材料。同时，还与中国人民银行西安分行、中国人民银行宁夏分行、陕西农村信用社联合社、杨凌示范区金融工作办公室、杨凌示范区农村商业银行、高陵县农村产权交易中心等机构签订了合作协议，目前已拥有杨凌、高陵和宁夏同心、平罗 4 个农村金融研究固定观察点。针对调查数据和资料，该团队对西部地区农村金融问题展开了系统深入的研究，通过对西部地区农村金融市场开放度与配置效率评价、金融市场供求均衡、农村产权抵押融资试验模式等的研究，提出以农村产权抵押融资、产业链融资为突破口的农村金融工具与金融模式的创新方案，进而形成"可复制、易推广、广覆盖"的现代农村金融体系，能够为提高农村金融市场配置效率及农村金融改革政策的制定和实施提供依据。本项目调查研究取得了比较丰硕的科研成果，其中一部分纳入本套系列丛书以专著的形式出版。虽然其中的部分观点可能还有待探讨和商榷，但作者敏锐的观察视角、务实的研究作风、扎实的逻辑推导、可靠的数据基础，使得研究成果极具原创性和启发性，这些成果的出版，必然会对深刻认识农村金融现实、把握农村金融的运作规律提供有益的依据参考和借鉴。

实现全面建成小康社会的宏伟目标，最繁重、最艰巨的任务在农村。要解决农村发展问题，需要一大批学者投入到农村问题的研究当中，以"忧劳兴国"的精神深入农村，深刻观察和认识农村，以创新的思维发现和分析农村经济发展中的问题，把握农村经济发展的规律，揭示农业、农村、农民问题的真谛，以扎实的研究结论为决策部门提供参考，积极推动农村经济又好又快发展，以不辱时代赋予的历史使命。

我相信，此套农村金融创新团队系列丛书的出版，对于完善西部地区农村金融体系、提高西部地区农村金融市场配置效率，推动西部地区农村经济社会发展具有重要意义。同时我也期待此套丛书的出版，能够引起相关政策的制定者、研究者和实践者对西部地区农村金融及农村金融改革问题的关注、积极参与和探索，共同推进西部地区农村金融改革的创新和金融市场配置效率的提高。

是为序。

国务院发展研究中心副主任、研究员 韩俊

二〇一四年八月三十日

序言二

金融是现代经济的核心，农村金融是现代金融体系的重要组成部分，是中国农业现代化的关键。当前，我国人均国民生产总值（GDP）已超过4000美元，总量超过日本，成为世界第二大经济体。如何在新的发展阶段特别是在工业化、信息化、城镇化深入发展中同步推进农业现代化，构建起由市场配置各种要素、公共资源均衡覆盖、经济社会协调发展的新型工农关系、城乡关系，破解推进农业现代化的金融难题和资金"瓶颈"，是实现"中国梦"绕不过去的难题。

改革开放以来，党中央、国务院先后制定并出台了一系列促进农业和农村发展的政策与文件，在农村金融领域进行了深入地探索，特别是党的十八大、十八届三中全会提出"完善金融市场体系"、"发展普惠金融"、"赋予农民对承包地占有、使用、收益、流转及承包经营权抵押、担保权能"，农村金融产品与服务方式创新变化，农户和农村中小企业金融满足度逐步提高，农村金融引领和推动农村经济社会发展的新格局正在形成。但是，客观地说，农村信贷约束，资金外流，农村金融供给与需求不相适应、不匹配等问题依然存在，高效率的农村资本形成机制还没有形成，农村金融与农村经济良性互动发展的新机制尚待建立，农村金融依然是我国经济社会发展的一块短板，主要表现在以下几个方面：

1. 金融需求不满足与资金外流并存。据调查，农户从正规金融机构获得的信贷服务占30%左右，农村中小企业贷款满足度不到10%。同时，在中西部地区，县域金融机构存贷差较大，资金外流估计在15%～20%。农村资金并未得到有效利用，农村金融促进储蓄有效转化为投资的内生机制并没有形成。

2. 农村金融需求具有层次性、差异性与动态性，不同类型农户和中小企业金融需求存在不同，多层次的农村金融机构与农村金融需求主体供求对接的有效机制尚待形成。农户资金需求具有生产性、生活性并重且以生活性为主的特点，农村中小企业多属小规模民营企业，对小额信贷需求强烈，加之都没有符合金融机构要求的抵（质）押品，正规金融服务"断层"现象依然存在。

3. 农村金融市场供求结构性矛盾突出，市场垄断、过度竞争与供给不足同时并存。从供给角度看，农村金融的供给主体以农业银行、农村信用社、邮储银行等正规金融为主，其基本特征是资金的机会成本较高、管理规范，要求的担保条件比较严格；从需求的角度看，农村金融需求主体的收入、资产水平较低，借贷所能产生的利润水平不高，且其金融交易的信息不足。尽管存在着借款意愿和贷款供给，但供求双方的交易却很难达成，金融交易水平较低。因此，要消除这种结构性供求失衡，就要充分考虑不同供给与需求主体的特点及他们之间达成交易可能性，采取更加积极的宏观政策与规范，建立多层次、全方位、高效率、供求均衡的现代农村金融体系。

必须改变用城市金融推动农村金融的理念和做法，以及单方面强调金融机构的调整、重组和监管的政策，从全方位满足"三农"金融需求和充分发挥农村金融功能的视角，建立农村金融供求均衡的、竞争与合作有效耦合的现代农村金融体系。按照农村金融供求均衡理念，对农村金融机构服务"三农"和农村中小企业做适当市场细分，实现四个"有效对接"，推进农村金融均衡发展。

第一，实现正规金融供给与农业产业化龙头企业金融需求的有效对接。由于农村正规金融机构的商业信贷供给与农业产业化龙头企业的金融需求相适应，正规金融机构的商业信贷交易费用较高，交易规模较大，客户不能过于分散，担保条件要求严格，而龙头企业在很大程度上已参与到了城市经济的市场分工中，在利润水平及担保资格都能够符合正规金融机构要求的情况下，有些企业甚至能够得到政府的隐性担保，加之建立有相对完善的会计信息系统，能够提供其经营状况的财务信息，信贷信息不对称现象也能有所缓解，因此，二者具有相互对接的可行性。尽管农村正规金融发展存在诸多问题，但从其本身特点以及龙头企业发展角度看，实现正规金融供给与龙头企业金融需求对接具有必然性。所以，中国农业银行应定位为农村高端商业银行，在坚持商业化经营的前提下，加大对农业产业化龙头企业的支持力度，主要满足大规模的资金需求。通过政策引导，把农业银行在农村吸收的存款拿出一定比例用于农业信贷，把农业银行办成全面支持农业和农村经济发展的综合性银行。

第二，实现正规中小金融机构的信贷供给与市场型农户、乡镇企业、中小型民营企业金融需求的有效对接。由于正规中小型金融机构的小额信贷与市场型农户、乡镇企业、中小型民营企业的金融需求相适应，市场型农户、乡镇企业、中小型民营企业的金融需求主要用于扩大再生产，所需要的资金数额相对较大，借贷风险较大，不易从非正规金融机构获得贷款；由于其自身在资产水平存在的有限性，它们不能像龙头企业那样，从正规金融机构获得商业贷款。而正规中小型金融机构，尤其是农村商业银行、农村合作银行、村镇银行等，相对于大银行，在成本控制上存在较大优势，而且较易了解市场型农户、乡镇企业、中小型民营企业的生产经营状况，可根据其还款的信誉状况来控制贷款额度，降低金融风险；中小型金融机构倾向于通过市场交易过程，发放面向中小企业的贷款，按市场利率取得更高收益，市场型农户、乡镇企业、中小型民营企业是以市场为导向的，接受市场利率，也倾向于通过市场交易过程获得贷款，二者之间交易易于达成。另外，正规中小金融机构具有一定优势：其资金"取之当地、用之当地"；员工是融入到社区生活的成员，熟悉本地客户；组织架构灵活简单，能有效解决信息不对称问题；贷款方式以"零售"为主，成本低廉、创新速度快；决策灵活，能更好地提供金融服务，二者之间实现金融交易对接具有必然性。目前，农村正规中小型金融机构发展较为迅速，应继续鼓励和引导农村商业银行、农村合作银行、村镇银行发展，构建起民营的、独资的、合伙的、外资的正规中小型金融机构，大力开展涉农金融业务。

第三，实现正规金融、非正规金融机构的小额信贷供给与温饱型农户金融需求的有效对接。农村小额信贷，主要指农村信用合作社等正规金融机构、非正规金融机构提供的农户小额信贷，是以农户的信誉状况为根据，在核定的期限内向农户发放的无抵押或少抵押担保的贷款。正规金融机构、非正规金融机构的小额信贷供给与温饱型农户金融需求相适应，它们之间的交易对接具有充分的可行性。目前，温饱型农户占整个农户的40%~50%，他们的借贷需求并不高，还贷能力较强，二者之间的信贷交易易于达成。农信社和其他非正规金融机构的比较优势决定其生存空间在农村，从国外银行业的发展情况看，即使服务于弱势群体，也有盈利和发展空间。农信社应牢固树立服务"三农"的宗旨，通过建立良好的公司治理机制、科学的内部激励机制，切实发挥农村金融主力军作用；适应农村温饱型农户金融需求的特点，建立和完善以信用为基础的信贷交易机制，提高农户贷款覆盖面；通过农户小额信贷、联户贷款等方式，不断增加对温饱型农户的信贷支持力度。当前，农户小额信贷存在的问题主要有：资金缺口大、贷款使用方向单一、贷款期限无法适应农业生产周期的需要、小额信贷额度低等。针对这些问题，应采取措施逐步扩大无抵押贷款和联保贷款业务；尝试打破农户小额信贷期限管理的限制，合理确定贷款期限；尝试分等级确定农户的授信额度，适当提高贷款额；拓展农信社小额信贷的领域，由单纯的农业生产扩大到农户的生产、生活、消费、养殖、加工、运输、助学等方面，扩大到农村工业、建筑业、餐饮业、娱乐业等领域。

第四，实现非正规金融机构的小额信贷与温饱型、贫困型农户金融需求的有效对接。民间自由借贷的机会成本相对较低，加上共有的社区信息、共同的价值观、生产交易等社会关系，且可接受的担保物品种类灵活，甚至担保品市场价值不高也能够较好地制约违约，与温饱型、贫困型农户信贷交易易于达成，实现二者之间的有效对接具有必然性。发达地区的非正规金融，其交易规模较大、参与者组织化程度较高，以专业放贷组织和广大民营企业为主，交易方式规范，具备良好的契约信用，对这类非正规金融可予以合法化，使其交易、信用关系及产权形式等非正式制度得到法律的认可和保护，并使其成为农村金融市场的重要参与者和竞争者；欠发达地区的非正规金融，其规模较小、参与者大多是分散的温饱型、贫困型农户，资金主要用于农户生产和生活需要，对此类非正规金融应给予鼓励和合理引导，防止其转化成"高利贷"。同时，积极发展小规模的资金互助组织，通过社员入股方式把资金集中起来实行互助，可以有效解决农民短期融资困难。应鼓励和允许条件成熟的地方通过吸引民间资本、社会资本、外资发展民间借贷，使其在法律框架内开展小额信贷金融服务。

总之，由于商业金融在很大程度上不能完全适应农村发展的实际需求，上述市场细分和四个"有效对接"在不同地区可实现不同形式组合，不同对接之间也可实现适当组合，哪种对接多一点、哪种对接少一点，可根据情况区别对待，其判断标准是以金融资本效率为先，有效率的"有效对接"就优先发展。

为了实现以上四个"有效对接"，还必须采取以下配套政策：一是建立新型农村贷款抵押担保机制，分担农业信贷风险。在全面总结农户联保、小组担保、担保公司代为担保等成功经验的基础上，积极探索农村土地使用权抵押担保、农业生物资产（包括农作物收获权、动物活体等）、农业知识产权和专利、大型农业设施、设备抵押担保等新型农村贷款抵押担保方式，降低农贷抵押担保限制性门槛，鼓励引导商业担保机构开展农村抵押担保业务。二是深化政策性金融改革，引导农业发展银行将更多资金投向农村基础设施领域。通过发行农业金融债券、建立农业发展基金、进行境外融资等途径，拓展农业发展银行资金来源，统一国家支农资金的管理，增加农业政策性贷款种类，把农业政策性金融机构办成真正的服务农村基础设施等公共物品、准公共物品投融资的银行。三是建立政府主导的政策性农业保险制度。运用政府和市场相结合的方式，制定统一的农业保险制度框架，允许各种符合资格的保险机构在总框架中经营农业保险和再保险业务，并给予适当财政补贴和税收优惠。四是加强农村金融立法，完善农村金融法律和监管制度。目前，农村金融发展法律体系滞后，亟须加以完善。建议在《中华人民共和国公司法》、《中华人民共和国商业银行法》中增加农村金融准入条款，制定《民间借贷法》，将暗流涌动的农村民间金融纳入法制化轨道。适当修改《中华人民共和国银行业监督管理法》，鼓励农村金融机构充分竞争，防范农村金融风险；以法律形式明晰农业银行支农责任，督促其履行法定义务，确认其正当要求权；明确农业发展银行开展商业性金融业务范围，拓展农村基础设施业务，以法律形式分别规制其商业性、政策性业务，对政策性业务进行补贴；限制邮储银行高昂的利率浮动，加强对其利率执行情况的监督、检查力度。制定《金融机构破产法》，建立农村金融市场退出机制，形成公平、公正的农村金融市场竞争环境。制定《农村合作金融法》，规范农村合作金融机构性质、治理结构、监管办法，促进农村信用社等农村合作金融机构规范运行。

教育部 2011 年度"长江学者和创新团队发展计划"
创新团队（IRT 1176）带头人
西北农林科技大学经管学院教授、博士生导师
西北农林科技大学农村金融研究所所长

二〇一四年八月三十日

目 录

第三章

第四章

第六章　◎农村正规金融机构双重目标兼顾不均衡原因分析/139

第七章　◎国外农村正规金融机构双重目标兼顾的模式及经验借鉴/153

第八章 ◎农村正规金融机构双重目标兼顾的政策建议与
对策/167

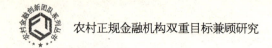

第一章 导 论

政府要求农村正规金融机构服务"三农"、改善农户福利，而农村正规金融机构有追求自身财务可持续的商业性目标，农村正规金融机构必须在政策性目标和商业性目标兼顾下开展业务活动。目前，农村正规金融机构的财务状况是否实现了财务可持续，与之相关的对"三农"信贷服务是否也得到改善呢？基于以上背景和问题，本书分析和评价了农村正规金融机构双重目标兼顾状况，在借鉴国外经验和分析农村正规金融机构双重目标兼顾不均衡原因的基础上，提出一些切实可行的政策建议与对策，以期促进农村正规金融机构实现双重目标兼顾。本章介绍了研究背景、研究目的和意义、国内外研究动态、研究思路与方法、研究对象和范围以及全书的可能创新之处。

1.1 研究背景

2005 年联合国提出普惠金融这个理念，希望为没有充分享受金融服务的人提供全方位的金融服务。联合国为了促进千年发展目标的实现，把2005 年定为国际小额信贷年。2006 年度诺贝尔和平奖授予了孟加拉国经济学家穆罕默德·尤努斯及其创立的农村银行。微型金融理论和普惠金融理论的发展，使人们认识到开展微型金融业务可以在财务可持续的基础上，实现服务农户和小微企业的目标。

当前"三农"发展的现状。第一，我国农民收入水平及其增长幅度在改革期间取得了较大提高，尤其是 2004 年以后收入增长速度开始加快。1978 年农村人均年收入水平只有 134 元，按照官方统计贫困人口在 2 亿以上。如果按照世界银行每天 1 美元的标准，农村人口几乎都是贫困人口（蔡昉等，2008）。表 1-1 显示，截至 2011 年末，农村人均年收入水平上升到 6 977.3 元。农村居民人均纯收入增长率（剔除价格因素）2001 年为

4.2%，到 2011 年增长为 11.4%。按照农村扶贫标准①年人均纯收入 2 300 元（2010 年不变价），2012 年末农村贫困人口为 9 899 万人，比上年末减少 2 339 万人。② 第二，收入分配差距过大，尤其是城乡发展差距更大。国家统计局 2013 年 1 月公布的近 10 年中国居民收入基尼系数，基本位于 0.47 ~ 0.49，超过国际警戒线。全国居民收入的基尼系数，2003 年是 0.479，2004 年是 0.473，2005 年是 0.485，2006 年是 0.487，2007 年是 0.484，2008 年是 0.491，然后逐步回落，2009 年是 0.490，2010 年是 0.481，2011 年是 0.477，2012 年是 0.474。此前，国内多个机构发布的基尼系数，多数高于国家统计局的数值。以 2009 年和 2010 年的数据为例，北京大学中国社会科学调查中心调查所得的 2009 年全国基尼系数为 0.514；中国人民大学中国调查与数据中心调查所出的 2009 年全国基尼系数为 0.555；西南财经大学中国家庭金融调查与研究中心公布的 2010 年基尼系数为 0.61。据国家统计局数据显示，2011 年城镇居民人均可支配收入与农村居民人均纯收入之比为 3.13∶1，2010 年该收入比为 3.23∶1。图 1 - 1 显示，1978—2011 年城乡收入比的发展趋势，1978 年至 1984 年城乡收入比缩小，自 1984 年开始攀升，直至 1994 年，1994 年至 1996 年城乡收入比有所下降，1997 年城乡收入比又开始上升，近年城乡收入比才略有下降。但总体而言，城乡之间一直保持了巨大的发展差距。第三，中国城镇化的发展趋势将加快发展。2012 年 12 月 16 日，中央经济工作会议指出，城镇化是我国现代化建设的历史任务，也是扩大内需的最大潜力所在，要积极引导城镇化健康发展。图 1 - 2 显示，中国城镇化率不断提高，并有加快趋势。《中国统计年鉴 2012》数据显示，2011 年，我国城镇化率已经达到 51.27%，城镇人口首次超过农村人口，达到 6.9 亿人。在国务院新闻办公室 2013 年 1 月 18 日举行的新闻发布会上，国家统计局局长马建堂介绍，2012 年中国城镇化率比上年提高了 1.3 个百分点。

---

① 2011 年 11 月 29 日，中央扶贫开发工作会议在京召开，会议决定，将农民人均纯收入 2 300 元（约合 355.6 美元）作为新的国家扶贫标准。经此次大幅上调，中国国家扶贫标准线与世界银行的名义国际贫困标准线的距离接近。世界银行 2008 年宣布，将国际贫困标准从每天生活费 1 美元提升至 1.25 美元。按照 2011 年 11 月 29 日人民币市场汇价 1 美元兑 6.3587 元人民币计算，中国新的国家扶贫标准大致相当于每日 1 美元。2010 年农村贫困标准为 1 274 元。

② 数据来源于国家统计局的 2012 年统计公报。

表 1-1 　　　　　　农村居民人均纯收入、消费和增长幅度

年份	国内生产总值（亿元）	国内生产总值增长率（%）	乡村社会消费品零售总额（亿元）	乡村社会消费品零售总额增长率（%）	农村居民人均纯收入（元）	农村居民人均纯收入增长率（剔除价格因素）（%）
2001	95 933.0	7.3	14 051.8	7.7	2 366.0	4.2
2002	102 398.0	8.0	15 013.0	6.8	2 475.6	4.8
2003	116 694.0	9.1	16 065.0	6.8	2 622.0	4.3
2004	136 515.0	9.5	18 377.0	10.7	2 936.0	6.8
2005	183 867.9	10.4	22 082.3	11.5	3 255.0	6.2
2006	211 923.0	11.6	24 867.4	12.6	3 587.0	7.4
2007	249 530.0	11.9	28 799.0	15.8	4 140.0	9.5
2008	300 670.0	9.0	34 753.0	20.7	4 761.0	8.0
2009	335 353.0	8.7	40 210.0	15.7	5 153.0	8.5
2010	397 983.2	10.3	20 875.0	16.2	5 919.0	10.9
2011	471 563.7	9.2	24 367.0	16.7	6 977.3	11.4

注：数据来源于《中国金融稳定报告》（2010—2011 年）和《中国人民银行年报》（2005—2011 年），中国人民银行网址：http：//www. pbc. gov. cn/。

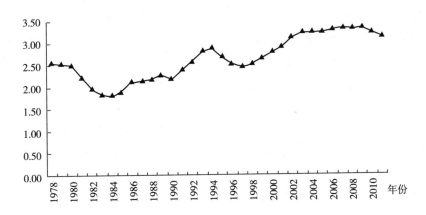

注：城镇居民使用人均可支配收入，农村居民使用人均纯收入。以农村人均纯收入为 1 进行比较。资料来源于国家统计局网站文章"2011 年城乡居民收入增长情况"。

图 1-1　城乡收入比

我国农村金融改革的现状。第一，中国银监会明确提出，从 2011 年开始，通过 5 年左右时间的努力，在 2015 年之前，全面取消农信社资格股，

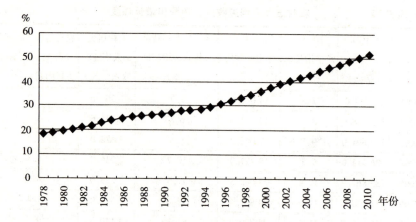

图 1 - 2   中国城镇化率

鼓励符合条件的农信社改制组建为农村商业银行。不再组建新的农村合作
银行，现有农村合作银行要全部改制为农村商业银行。第二，中国农业银
行实现了整体改制，于 2010 年 7 月 15 日和 16 日分别在上海证券交易所和
香港联交所两地上市。第三，中国农业发展银行开展的业务包括农业政策
性贷款业务和农业商业性贷款业务。农业政策性贷款业务体现中国农业发
展银行的政策性银行定位，应该服务好农业和农村经济发展需要，充分体
现政府的政策意图，农业商业性贷款业务使其能够更好地实现财务上的可
持续。第四，2006 年年底，中国银监会放宽了农村金融市场准入政策，提
出农村金融市场开放的试点方案。其基本原则可以简单概括为"低门槛，
严监管，增机构，扩服务，先试点，后推广"这 18 个字。首次允许民间
资本到农村设立银行，并提出要在农村设立三类新型农村金融机构。

在当前城镇化的大背景下，发展农业生产，扩大农民消费，促进农民
增收，缩小城乡发展差距等现实问题的解决需要农村正规金融机构积极服
务"三农"。随着农村金融体制改革的不断推进和深化，现有的农村正规
金融服务"三农"和财务可持续状况如何？农村正规金融机构双重目标兼
顾的状况如何？农村正规金融机构如何支农，在实现财务可持续的基础上
更好地服务"三农"，需要我们认真深入思考，因此，必须开展全面调研，
考察农村正规金融机构双重目标兼顾状况，深入研究农村正规金融机构双
重目标兼顾不均衡的原因，在借鉴国外经验的基础上，针对双重目标兼顾
不均衡的原因，提出切实可行的实现双重目标兼顾的对策建议。

1.2　研究目的和意义

1.2.1　研究目的

本书通过研究农村正规金融机构双重目标兼顾状况，希望促进农村正规金融机构保证其服务"三农"的方向不动摇，同时实现财务上的可持续性。本书研究主要有以下几个目的：（1）界定农村正规金融机构双重目标和双重目标兼顾的概念及双重目标之间的关系，构建农村正规金融机构双重目标兼顾的评价体系；（2）分析和评价我国各类农村正规金融机构双重目标兼顾的状况；（3）分析农村正规金融机构双重目标兼顾不均衡的原因；（4）考察国外农村正规金融机构双重目标兼顾模式及借鉴之处；（5）在借鉴国外经验的基础上，针对农村正规金融机构双重目标兼顾不均衡的原因，提出农村正规金融机构双重目标兼顾的政策建议与对策。

1.2.2　研究意义

（1）理论价值。明确农村正规金融机构双重目标、双重目标兼顾含义和双重目标之间的关系。初步构建了农村正规金融机构双重目标兼顾的评价体系。从宏观角度对我国各类农村正规金融机构双重目标兼顾状况有一个基本的评价和判断。了解农村正规金融机构双重目标兼顾不均衡的原因，总结和梳理国外农村正规金融机构双重目标兼顾模式及借鉴之处，提出农村正规金融机构双重目标兼顾的政策建议与对策。

（2）实践意义。第一，为促进农村正规金融机构更好地兼顾双重目标的实现，指明改革方向和发展思路。如借鉴日韩农村合作金融发展模式，将农村资金互助社办成综合农协模式，积极开展微型金融业务等。第二，为农村正规金融机构和政府部门找出我国农村正规金融机构双重目标兼顾不均衡的原因。第三，为政府部门促进农村正规金融机构实现双重目标兼顾提供政策建议。农村正规金融机构应如何服务"三农"，如何促进农村正规金融机构有能力和意愿向农户和农村中小企业提供信贷支持，政府在农户、农村小微企业和农村正规金融机构之间，应该扮演什么样的角色，发挥什么样的作用，具体提供哪些政策支持。第四，为政府和金融监管部门提出改善农村正规金融机构监管的建议。具体为：抓紧健全和完善农村金融领域相关的法律法规，根据农村正规金融机构的性质、特点和运行机制，采取合适的监管方式。进一步放宽农村金融市场准入门槛。第五，为农村正规金融机构实现双重目标兼顾提出对策建议。具体为：明确自身的定位，在政府的财税货币金融政策扶持下积极开展农村微型金融业务，根据农户的金融需求特点和农村经济的发展趋势，持续不断进行金融创新活动。同时，努力完善产权结构、组织形式和治理结构，不断提高人员素质和经营管理水平。

1.3 国内外研究动态

1.3.1 国外研究动态

（1）农村金融发展理论。农村金融发展理论经历了农业信贷补贴论、农村金融市场论和不完全竞争市场论三个发展阶段。第一阶段是农业信贷补贴论。该理论在 20 世纪 80 年代以前在西方占主导地位。该理论认为，农民特别是贫困农民的储蓄能力不足，导致农村自身无法提供足够的金融供给。同时，从事农业生产活动收入不确定、投资周期长、收益低等原因，导致商业银行不愿向农村投放贷款。因此，政府应该在农村金融发展中发挥积极作用，对农村金融市场进行直接干预和管制，设立农业政策性金融机构向农村注入政策性资金，向农村的贫困群体发放低息贷款。为缩小农业与其他产业之间的收入差距，实行利率管制，对农业提供低利率贷款和贷款贴息。非正规金融是农村金融市场不发达的产物，由于其弊端较多，应该坚决取缔。虽然依据该理论制定的政策取得了一定成效，但也带来了一些副作用。具体表现为：动员储蓄不足，对外部资金依赖过大，贷款回收率偏低，农村穷人不是低息贷款的主要受益人，使用贷款金额较多的富裕的农民享受了低息贷款补贴的好处。因此，信贷补贴论被认为不是解决农村经济发展的理想方式。第二阶段是农村金融市场论。20 世纪 80 年代，一些学者为了弥补农业信贷补贴论的不足，在肖和麦金农的金融抑制和金融深化论的基础上发展起来了农村金融市场理论。该理论认为，农民具有储蓄能力，农村资金拥有较高的机会成本和外部依存度较高。农村缺乏资金是不合理的农村金融制度安排所导致，因此，应该充分发挥市场机制的作用，减少政府不当的干预。反对政策性金融对市场的扭曲，没有必要实行向特定群体服务的定向贷款制度，对外部资金依存度过高是导致贷款回收率偏低的重要原因，低息政策妨碍人们向农村金融机构存款，抑制了农村金融发展，应实现农村利率市场化。由于农村资金的机会成本较高，非正规借贷利率高是必然的，非正规借贷的存在有合理性。第三阶段是不完全竞争市场论。20 世纪 90 年代以后，人们逐渐认识到农村金融市场失灵，缺乏公平和效率，于是一些学者将不完全竞争市场理论运用到农村金融理论分析当中，并提出了相应的农村金融市场的不完全竞争市场理论。该理论认为，农村金融市场是一个不完全竞争的市场，借款人与贷款人之间信息不对称导致市场失灵，因此政府适当干预是必要的，具体干预的措施为：政府应创造良好的政策环境，完善农村金融法律和监管框架；在农村金融发展初期有必要进行一定程度的保护和管制，后期应逐步放松管制，鼓励竞争；应该逐步放松利率管制，保持正的实际利率水平，同时控制存贷款利率的增长；在不妨碍农村金融市场公平竞争的前提下，由农业政策性金融机构向特定目标群体提供低息贷款是有效的；提高农村金融机构的经营管理水平，使其实现财务可持续；农民具有储蓄能力，农村发展的资金应主要依赖农村内部资金，而外部资金起补充作用；政府适当介入非正规借贷市场，以提高该市场的效率。

（2）局部知识理论。有些学者（冯兴元等，2004）运用哈耶克的局部知识理论分析了农村金融市场，得出结论是，农村金融市场的信息不对称并非必须要求政府介入进行干预。与斯蒂格利茨不完全竞争市场论的出发点相近，但其研究结论却是支持"农村金融市场理论"。局部知识论认为，农村信贷市场上存在大量局部知识或分散知识，竞争机制可以发现和利用分散在不同时点的局部知识，减少农村信贷市场上贷款人与借款人之间的信息不对称的问题。由此，政策建议为，农村信贷产品和服务的提供者应该充分利用分散在社区的局部知识，促进知识分工，尤其是借款人之间的知识分工。如利用借款人组成连带责任贷款小组以及借款人之间开展资金互助合作。政府直接参与农村信贷市场的供给应该是辅助性的，它的主要职能应该是建立和维持农村金融市场秩序，改善农村金融生态环境，发挥对农村金融机构的有效监管作用。

为了便于理解和分析，对以上四种主要农村金融理论进行比较，可以归纳为表 1－2。

表1-2　　　　　　　　　四种主要农村金融理论的比较

	农业信贷补贴论	农村金融市场论	不完全竞争市场论	局部知识论
政府干预农村金融市场的必要性	必要	不必要	在弥补市场失灵的范围内必要	不必要
利率管制的必要性	进行低利率管制	由市场决定	放松管制（实际存款利率应为正数）	由市场决定
贷款资金的筹集	从农村外部注入	在农村内部筹集	基本靠农村内部筹集，不足部分由政府等供给	在农村内部筹集
对农村金融机构保护及管制的必要性	必要	不必要	初期必要，应逐渐放松	最低限度监管
提高资金回收率的方法	指导性贷款，贷款回收率低	运用市场手段提高资金回收率	灵活运用贷款互助小组等金融、非金融手段，改善信息不对称	强化市场竞争机制的筛选职能
政策性金融机构专项贷款的有效性	有效	无效	方法适当则有效	无效
对非正规金融的评价	弊端多，应取缔	有效率的金融形式	有一定弊端，但政府的适当介入会使之改善	有效但有前提条件

注：主要参考张元红等《当代农村金融发展的理论与实践》，江西人民出版社2002年版和王彬《中国农村金融体系的功能缺陷与制度创新——基于贵州省毕节地区农村金融实践的理论思考》，经济科学出版社2011年版。在此基础上适当加工整理。

（3）两种金融发展模式理论。休·帕特里克（Hugh T. Patrick，1996）认为欠发达国家存在"供给主导"和"需求追随"两种金融发展模式。"供给主导"模式强调金融机构以及有关金融产品服务的供给应该先于金融需求。"需求追随"模式强调为了适应经济发展对金融产品和服务需求的变化，金融体系会推出相应金融产品和服务以及组织机构。即经济主体对金融产品和服务的需求，导致了金融机构、金融市场、金融产品和服务的产生。两种模式提出的意义在于探讨农村金融体系的优先顺序。由外生供给主导的农村正式金融机构是政府一厢情愿主导下从外部向农村供给的金融机构，存在信息不对称、抵押品缺乏、特质性成本和风险、交易成本高等问题导致其对农户贷款存在金融排斥①。同时农村正规金融机构可能在农村信贷市场上受到金融排异②，而无法实现自身财务可持续。内生的小农经济需求追随型的新型农村金融机构由当地民营资本入股设立，吸收当地城乡居民储蓄存款，一般对当地企业和城乡居民不会有金融排斥行为，其生于农村社区，长于农村社区，天然和小农经济具有耦合特点，一般在农村信贷市场上不会受到金融排异，可以实现自身财务可持续。农村金融机构双重目标兼顾研究的逻辑起点应该是认识农户问题和深刻理解农户的信贷需求。如果将农户这个农村金融的真正需求者置于事外，势必导致外生供给的正规金融机构无法更好地满足农户的信贷需求，还会出于商业性利益考虑，排斥对农户信贷供给。同时农村正规金融机构可能受到农村金融排异，无法实现自身财务可持续，因此真正有效的农村金融改革，一定要有农民的参与，更不能忽视农民的真实信贷需求。

（4）微型金融机构双重目标的关系与协调。第一，微型金融机构双重目标间的关系。Conning（1999）等认为可以平衡财务可持续性目标与覆盖面目标的关系；Zeller 和 Meyer（2002）提出，覆盖面及其福利影响与财务可持续性共同构成了微型金融的三重目标，制度创新是实现这三个目标协同的关键。如以需求为导向来设计面向穷人的微型金融产品和服务以及应用信息系统等。Olivares－Polanco（2005）认为，扩大覆盖面与商业化不存在根本性冲突，原因是商业化在提升了微型金融机构盈利能力的同时也会提高对穷人的覆盖能力。当前国际主流观点为微型金融机构应该拥有两重目标，覆盖面扩大的前提是财务可持续。有些研究人员的实证研究表明，财务可持续性目标与覆盖面目标之间是有冲突的。如，Hulme 与 Mosley（1996）等研究发现，可持续性与覆盖面之间存在替代关系；Hartarska 和 Nadolnyak（2007）发现，科学合理的金融监管可以协调可持续性与覆盖面

---

① 金融排斥（Financial Exclusion）也译作金融排除或金融排斥性，较早的金融排斥是指：在一些发达国家内政府管制放松、信息技术广泛应用的条件下，金融业出现新的发展空间，金融机构为降低成本、增加利润，将一些中小城市的分支机构关闭，导致相对落后的地区缺少金融机构。有人强调金融排斥是特定人群被排斥在金融服务之外的过程。Sherman Chan 界定金融排斥为：在金融体系中人们缺少分享金融服务的一种状态，包括社会中的弱势群体缺少足够的途径或方式接近金融机构，以及在利用金融产品或金融服务方面存在诸多困难和障碍。

② 农村金融排异是指农村正规金融机构不适应我国小农经济的发展要求，无法在农村扎根，很难实现自身财务可持续性。

之间的矛盾；Perera（2010）研究发现，商业化会降低覆盖面，但通过扩大资金来源、加强金融监管等措施可以提高覆盖面；Hermes等（2011）实证分析表明，财务可持续性与覆盖面之间存在替代关系。但有些实证研究并没有得出双重目标之间存在冲突的证据。如，Christen等（1995）发现，微型金融机构商业化趋势下的财务可持续性与覆盖面目标是可以兼顾的；Kereta（2007）对埃塞俄比亚的数据分析表明，覆盖面和财务持续性都得到改善，两个目标之间不存在替代关系；Annim（2009）对加纳的研究也表明，微型金融机构财务可持续性与覆盖面之间不存在替代关系，资金来源不同会很大程度上影响二者的关系。还有一些实证研究得出了混合的研究结论。如，Brau和Woller（2004）等发现，许多因素会对覆盖面与财务可持续性之间的关系产生影响，所以二者关系并不确定。第二，微型金融机构双重目标关系的协调。2000年以来，逐渐形成了微型金融机构的覆盖面与财务可持续性目标之间的冲突可以通过社会绩效评估与管理来协调的共识。如，Woller（2004）的研究表明，对微型金融机构实施社会绩效管理不但能促使其履行社会责任，而且对其财务绩效改善也有显著的正面影响。Baumann（2005）的研究表明，社会绩效管理对协调微型金融机构双重目标的冲突非常有效。Sinha（2006）认为，微型金融机构综合考虑社会绩效和财务绩效，将促使其提供的微型金融产品和服务更符合目标客户的需求。Hashemi（2007）认为，社会绩效管理有利于微型金融机构协调双重目标，提供以需求为导向的微型金融产品和服务。目前还难以对微型金融机构的社会绩效进行科学测度。Zeller等（2003）设计了包含四个维度，由15个指标构成的社会绩效评估体系。由于社会绩效报告规范了微型金融机构向利益相关者披露其履行社会绩效的情况，提高了社会绩效履行情况的透明度，因此有助于协调微型金融机构双重目标的关系。

（5）农村金融发展的新旧方法。世界银行报告《农村金融问题、设计和最佳做法》（本杰明，2003）中，总结了各国农村金融发展中的经验教训，指出了农村金融的传统方法，即供给主导的国有农业信贷机构、使用补贴利率、偏重农业而忽视农村，忽视或抑制储蓄、采取高成本、低效率的传递机制等，导致了许多国家农村金融长期滞后。同时，报告提出了农村金融的新方法，即创造一个有活力的农村金融市场，这包括确定对农村金融的新认识，创造一个良好政策环境特别是农村金融市场发育的政策环境，建立农村金融市场的法律和监管框架，界定政府直接干预；分析了偏向城市政策如何妨碍农村发展和农村金融市场的发展，包括高估汇率、严格控制粮食价格、对农村基础设施投资不足、限制进口竞争来保护国内工业；提出了农村金融发展的两大衡量标准：覆盖率和可持续发展；总结了三个成功经验：孟加拉国乡村银行、泰国农业合作银行和印尼人民银行（汪小亚，2009）。

1.3.2 国内研究动态

（1）农村金融机构双重目标兼顾研究。张正平和王麦秀（2012）以代表两种不同发展模式的4家国际知名小额信贷机构为例，采用国际小额信贷行业常用的衡量指标对其在2002—2009年的覆盖低收入人群、财务可持续能力及其兼顾情况进行了比较分析。研究发现，4家小额信贷机构双重目标并没有明显的冲突；不同模式的小额信贷机构均可以兼顾双重目标，但不同模式的小额信贷机构在双重目标上各有侧重；全球小额信贷机构总体上较好地兼顾了双重目标。冯庆水和孙丽娟（2010）选取安徽省4家不同组织形式的农村信用社2004—2008年的数据，研究本轮改革启动以来农村信用社双重改革目标冲突的缓和情况。研究表明，双重目标间的矛盾在实践中是能够得以调和的，双重目标在农村信用社运作过程中可以兼顾实现。杨娴婷和杨亦民（2012）首先从资金规模限制、高风险性和可持续发展三个方面分析了农村新型金融组织"经济利益和社会责任"双重目标面临的客观矛盾、矛盾的落脚点和矛盾之源，然后从谋求可持续性发展、政府施压和需求导向三方面探讨了双重目标矛盾产生的具体原因，最后从政策支持、风险分担机制等方面提出了协调双重目标矛盾的相关措施。杨亦民和肖金桂（2012）认为在双重目标下促进农村新型金融组织可持续发展，需要新型农村金融机构立足"三农"，改善自身管理，优化服务，提高经营绩效；同时，需要政府加大扶持力度，加强金融监管，促进新型农村金融机构改善业务经营，控制金融风险。陆远权和张德钢（2011）认为，为解除外生性农村金融改革对新型农村金融机构形成的双重目标约束，需要培育农村内生性金融机制，弱化政策目的、转变监管思路和放宽民间资本准入是重要途径。

（2）农村金融机构财务可持续对服务农户的影响。刁莉等（2009）发现拉美地区小额信贷商业化程度提高在一定程度上造成了小额信贷覆盖深度的变化，小额信贷机构对于原目标客户有所偏离。这种偏离是与这些机构利润最大化追求、市场竞争、抗风险能力及追求较高流动性有关的。这启示中国小额信贷实践，既要认识到小额信贷的必要性和多样性，同时在商业化过程中应通过政府适当补贴、小额信贷机构改进信贷技术和适度监管来降低成本与风险，增强持续发展能力，以此来保障小额信贷的覆盖深度。刘西川等（2007）基于"中国农村微观金融研究课题组"的调查数据，发现贫困农户对小额信贷产品和服务需求不足，部分富裕农户有较强的非农生产性信贷需求，于是小额信贷机构对孟加拉国乡村银行模式进行了适当调整和改变，包括提高贷款规模、小组贷款和中心会议的要求，降低了富裕农户参与小额信贷的成本。小额贷款机构在财务可持续性的压力下，倾向于贷款给非农产业项目和能够及时分期还款的优质农户。

1.3.3　总体述评

国外农村金融理论和方法为我国农村正规金融机构双重目标兼顾研究提供了可资借鉴的理论基础、分析框架和研究方法。国外在研究农村金融问题时主要应用新古典经济学的分析框架来分析农户的信贷行为和农村金融组织的微观运行机制。国外学者已经对微型金融机构双重目标之间的关系与协调等问题进行了有益的理论和实证研究。目前，我国学术界的研究主要通过个案来研究农村正规金融机构双重目标兼顾状况，但研究主要存在以下不足和问题：（1）既缺乏对农村正规金融机构双重目标及兼顾含义的界定，也缺乏对农村正规金融机构双重目标兼顾的评价体系；（2）缺乏从宏观角度利用统计和财务数据对四类农村正规金融机构双重目标兼顾状况进行整体分析和评价；（3）缺乏对农村正规金融机构双重目标兼顾总体思路的系统思考，对其未来发展方向也缺乏前瞻性的深入论证。

1.4　研究思路与方法

1.4.1　研究思路

第一，本书介绍了研究背景、研究目的和意义、国内外研究动态、研究思路与方法、研究对象和范围以及全书的可能创新之处，构成全书的研究基础。第二，界定农村正规金融机构双重目标的定义、双重目标兼顾的含义及双重目标之间的关系，阐述农村金融机构双重目标兼顾的理论基础。初步构建农村正规金融机构双重目标兼顾的评价体系。第三，利用构建的评价体系，从财务可持续和服务"三农"信贷状况两个方面考察农村正规金融机构双重目标兼顾状况。第四，利用调研数据，运用案例分析法进一步考察农村正规金融机构双重目标兼顾状况。第五，从供求两个方面对农村正规金融机构双重目标兼顾状况进行评价。第六，在借鉴国外农村正规金融机构双重目标兼顾经验的基础上，针对农村正规金融机构双重目标兼顾不均衡的原因，提出促进农村正规金融机构双重目标兼顾的政策建议与对策。

全书结构安排：

第一章　导论。本章介绍了研究背景、研究目的和意义、国内外研究动态、研究思路与方法、研究对象和范围以及全书的可能创新之处，构成全书的研究基础。

第二章　农村正规金融机构双重目标兼顾的理论基础。本章是全书的理论框架构筑的基础。首先，对农村正规金融机构双重目标、双重目标兼顾的概念进行界定，然后分析了双重目标之间的关系及双重目标兼顾的意义。其次，介绍农村正规金融机构双重目标兼顾的理论依据。最后，阐述农村正规金融机构双重目标兼顾的评价体系。

第三章　农村正规金融机构双重目标兼顾状况的宏观分析。首先从利用资产、负债和所有者权益及财务指标等数据分别对四类农村正规金融机构的财务可持续状况进行分析。其次，从规模和结构角度，分别对四类农村正规金融机构服务"三农"借贷状况进行分析。

第四章　农村正规金融机构双重目标兼顾状况的微观分析。对三个不同样本农村正规金融机构的财务可持续状况和服务"三农"信贷状况及双重目标兼顾状况进行微观分析。

第五章　农村正规金融机构双重目标兼顾状况评价。首先从农村正规金融机构角度对各类型农村正规金融机构双重目标兼顾状况进行评价，然后从农户的角度对农村正规金融机构满足农户借贷情况进行评价，得出农村正规金融机构双重目标兼顾不均衡的结论。

第六章　农村正规金融机构双重目标兼顾不均衡原因分析。本章从农户、农村正规金融机构、政府三个方面，分析了农村正规金融机构双重目标兼顾不均衡的原因。从"三农"金融业务的特点来看，"三农"金融业务的高风险、高交易成本和低收益性导致客观上不利于农村正规金融机构实现财务可持续，因此农村正规金融机构没有积极性开展"三农"金融业务。从农村正规金融机构来看，农村正规金融机构经营管理水平低，具有较强的逐利性，业务创新能力不足。从政府角度来看，农村正规金融机构实行双重目标兼顾的制度和政策不完善。

第七章　国外农村正规金融机构双重目标兼顾的模式及经验借鉴。本章主要选取了两个农村正规金融机构双重目标兼顾比较成功的模式进行介绍，一个是孟加拉国的格莱珉银行（GB）模式，另一个是日本的农协合作金融模式。通过对国外农村正规金融机构双重目标兼顾模式的梳理和分析，指出可供我国借鉴之处。

第八章　农村正规金融机构双重目标兼顾的政策建议与对策。本章提出农村正规金融机构双重目标兼顾的政策建议与对策。具体为，提高农村正规金融机构经营管理水平，构建社会绩效评价体系，积极开展微型金融业务，完善农村正规金融机构双重目标兼顾的制度和政策，促进新型农村金融机构发展。

全书结构示意图见图 1 - 3。

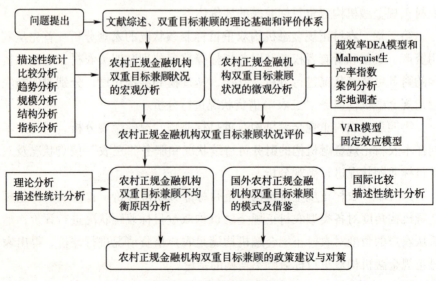

图 1 - 3　全书结构示意图

1.4.2　研究方法

本书采用统计数据、文献阅读和实地调研等方法分析和评价农村正规金融机构双重目标兼顾的状况、分析农村正规金融机构双重目标兼顾不均衡的原因，采用国际比较的方法介绍国外农村正规金融机构双重目标兼顾的模式及借鉴，再借鉴国外经验，针对双重目标兼顾不均衡的原因，提出对策建议。本书采用理论分析和实证分析相结合、演绎推理和归纳推理相结合来推导和论证中心论点和分论点。在论述问题和阐述观点时尽量使用统计数据来论证，使论述更有说服力。具体包括：

（1）文献阅读。通过查阅大量经济和金融类学术期刊、理论著作、中国统计年鉴、中国金融年鉴、财经报纸和金融网站等途径了解和掌握国内外农村正规金融机构双重目标兼顾状况、分析农村正规金融机构双重目标兼顾不均衡的原因。

（2）调查研究。分别到内蒙古自治区呼伦贝尔市和通辽市调研村镇银行和融达农村资金互助社的双重目标兼顾状况，与当地农村资金互助社、金融办和银监分局的相关负责人交谈，了解新型农村金融机构的发展现状、存在问题及政策建议。利用当地金融监管统计数据对村镇银行和融达农村资金互助社的双重目标兼顾状况进行分析和评价。

（3）计量经济分析。如基于2006—2010年农村固定观察点的农户微观面板数据，运用固定效应模型，实证分析了正规借贷与民间借贷对农户生产的影响。得出结论是，正规借贷对农户生产的影响远远小于民间借贷的影响。采用VAR模型研究农村正规金融发展与农民收入的关系。运用超效率DEA模型和Malmquist生产率指数，对2011—2012年内蒙古自治区呼伦贝尔市3家村镇银行的技术效率和全要素生产率变化指数进行测算和分解，通过实证分析考察村镇银行的财务绩效和支农绩效。

（4）描述性统计分析。在大量阅读农村金融文献基础上，以定量分析为主，利用中国人民银行和中国银行业监督管理委员会提供的统计和财务数据分析农村正规金融机构双重目标兼顾状况。

（5）比较分析法。按照东部、中部、西部和东北四个区域板块对新型农村金融机构的区域分布特点进行比较分析。从区域角度分析正规借贷和民间借贷对农户生产影响的区域差异性。

（6）趋势分析。在分析农村正规金融机构财务可持续状况和服务"三农"信贷状况时，利用时间序列数据进行趋势分析。考察农村正规金融机构的财务可持续及服务"三农"信贷的发展趋势。

（7）结构分析。在分析农村正规金融机构服务"三农"信贷状况时，对四类农村正规金融机构不仅进行规模分析，而且对存贷款进行结构分析，更侧重于贷款结构分析，因为对农户和小微企业的信贷约束主要是贷款约束。

1.5 研究对象、范围和数据来源

本书的研究对象是农村正规金融机构。从农村正规金融机构来看，主要研究农村合作性金融机构、农村商业性金融机构、农村政策性金融机构和新型农村金融机构，没有考察和分析贷款有限公司和非正规化的农民资金互助组织以及商业性小额贷款公司。农村合作性金融机构包括农村信用社、农村合作银行和农村商业银行，侧重研究农村商业银行，因为农村合作金融机构的改革取向是农村商业银行。农村政策性金融机构主要研究中国农业发展银行。农村商业性金融机构主要研究中国农业银行。新型农村金融机构包括村镇银行、农村资金互助社、贷款有限公司，主要研究正规化的农村资金互助社和村镇银行。

本书研究范围为农村正规金融机构目标兼顾问题。在分析农村金融机构服务"三农"信贷和财务可持续状况时，将农村正规金融机构分为农村合作性金融机构、农村政策性金融机构、农村商业性金融机构和新型农村金融机构。将农村正规金融机构作为整体，分析和评价了其服务"三农"信贷业务和财务可持续双重目标兼顾状况。双重目标兼顾问题不同于微型金融组织的"目标偏移"。农村正规金融机构存在双重目标，但政府并没有具体的量化考核指标要求，如何衡量双重目标兼顾程度是一个比较难以解决的问题，本书侧重分别考核财务可持续状况和服务"三农"信贷状况，衡量二者之间的协调和平衡状况的指标有待以后继续深入研究，本书只是提出一个分析的框架和思路。双重目标兼顾主要侧重强化农村正规金融机构支农能力的提高和促进农村经济发展。

数据主要来源于历年中国统计年鉴、历年中国金融年鉴、历年中国银监会年报、历年中国人民银行年报、农业部固定观察点农户调查微观数据、国家统计局住户调查办公室编的 2011 中国住户调查年鉴、农业部农村固定观测点办公室编的全国农村固定观察点调查数据汇编（2000—2009）、财政部、中国人民银行和中国银监会等部门提供的有关农村金融数据等。

1.6 全书的可能创新之处

本书在如下几个方面有所创新：

（1）全书对农村正规金融机构双重目标、双重目标兼顾的含义进行界定，并分析了双重目标之间关系，设计了农村正规金融机构双重目标兼顾的评价体系。

（2）分别从财务可持续和服务"三农"信贷两个方面分析农村正规金融机构双重目标兼顾状况，从供求两个方面对农村正规金融机构双重目标兼顾状况进行评价。从农村正规金融机构视角来看，农村合作性金融机构的财务可持续有较大改善，但服务"三农"信贷没有明显改善；中国农业银行上市后财务可持续改善较大，但服务"三农"信贷相对下降；农业商业性信贷业务的开展能够使中国农业发展银行实现财务可持续，但导致农业商业性信贷业务对农业政策性信贷业务的排挤。新型农村金融机构财务可持续状况不断改善，对农户和小微企业信贷服务较好，但目前新型农村金融机构发展速度缓慢和地区分布不合理。从农户视角来看，正规借贷部门服务不足，导致民间借贷部门成为农户主要借贷资金来源渠道。农户的贷款需求与农村正规金融机构的信贷供给不匹配。

（3）运用超效率 DEA 模型和 Malmquist 生产率指数，对 2011—2012 年内蒙古自治区呼伦贝尔市 3 家村镇银行的技术效率和全要素生产率变化指数进行测算和分解，实证分析结果表明，当地 3 家村镇银行的财务绩效和支农绩效较好，双重目标兼顾较好。

（4）基于 2006—2010 年农村固定观察点两万多农户的微观面板数据，运用固定效应模型，从二元金融结构和区域差异的角度，实证分析正规借贷与民间借贷对农户生产的影响，研究结论为正规借贷对农户生产的影响远远小于民间借贷的影响。

（5）利用 1978—2009 年的数据，建立 VAR 模型研究农村正规金融发展与农民收入的关系，实证结果表明，我国农村正规金融发展水平对农民收入有负向影响，农村正规金融效率对农民收入几乎没有影响，农村正规金融结构对农民收入有负向影响。而我国农民收入对农村正规金融发展水平和农村金融结构没有影响，对农村正规金融发展效率有负向影响。

（6）从农户、农村正规金融机构和政府三个方面分析农村正规金融机构双重目标兼顾不均衡的原因是"三农"金融业务高风险、高交易成本和低收益，农村正规金融机构经营管理水平低，农村正规金融机构逐利性强，业务创新能力不足，农村正规金融机构实行双重目标兼顾的制度和政策不完善。

（7）充分借鉴国外经验，针对农村正规金融机构双重目标兼顾不均衡的原因，提出农村正规金融机构双重目标兼顾的政策建议与对策，包括提高农村正规金融机构经营管理水平，构建社会绩效评价体系，积极开展微型金融业务，完善农村正规金融机构双重目标兼顾的制度和政策，促进新型农村金融机构发展。

第二章　农村正规金融机构
双重目标兼顾的理论基础

本章首先对农村正规金融机构双重目标和双重目标兼顾的概念进行界定，分析了双重目标之间的关系。其次，阐述农村正规金融机构双重目标兼顾的相关理论依据。最后，初步设计了农村正规金融机构双重目标兼顾的评价体系。

2.1　农村正规金融机构双重目标兼顾的含义和双重目标之间的关系

2.1.1　概念界定

农村正规金融机构双重目标是指财务可持续目标和服务"三农"信贷的目标。财务可持续目标是指在没有政府补贴的条件下能够实现财务收支平衡，并实现盈利。而服务"三农"信贷的目标是指对"三农"信贷服务能够尽可能多地满足农户和农村小微企业及农业发展的信贷需求，有效地解除农户和农村小微企业的信贷约束，扩大农户和农村小微企业的信贷可得性。农村正规金融机构双重目标兼顾是指农村正规金融机构在财务可持续基础上更好地满足"三农"信贷服务的需求，即农村正规金融机构保证其服务"三农"的方向不动摇，同时实现自身财务可持续性。

促进农村正规金融机构实现双重目标兼顾是当前学术界和实践工作者重点关注的问题，农村正规金融机构实现双重目标兼顾有利于农村正规金融机构履行社会责任，更有利于农村普惠金融体系的构建。

2.1.2　双重目标之间的关系

农村正规金融机构服务"三农"信贷目标与财务可持续目标之间的关系是对立统一关系。

（1）统一性。农村正规金融机构服务"三农"目标与财务可持续目标之间具有统一性，服务"三农"目标也会给农村正规金融机构带来经济收益。农村正规金融机构财务可持续目标是服务农户的前提和基础。孟加拉国乡村银行是从事小额信贷业务的农村正规金融机构，它实现了既赚钱又能够有效地帮助穷人脱贫的目标。中国的包商银行从事微型金融业务，也服务了大量小微企业，自身也实现了财务可持续发展。从世界微型金融发展来看，从事小额信贷的资本回报率是比较高的，收益是可以覆盖风险和成本的，只要掌握微型金融技术和结合本地实际进行金融创新，完全可以实现服务"三农"与财务可持续目标的兼顾。

（2）对立性。农村正规金融机构服务"三农"目标与财务可持续目标具有对立性是指农村正规金融机构在追求自身财务可持续时，排斥贫困农户的金融需求。发放"三农"贷款，可能带来过高的不良贷款率，交易成本过高，经济效益不佳，于是农村正规金融机构不愿意给"三农"领域提供贷款。

2.1.3 双重目标兼顾不均衡与使命漂移的区别

（1）微型金融机构使命漂移的含义。对于微型金融机构使命漂移的含义如何界定，对此有两种观点。一种观点从微型金融机构所服务的对象进行阐释，认为当微型金融机构不再为穷人服务时即发生使命漂移（Woller等，1999）。当微型金融机构将目标定位于较为富裕的客户的同时剔除贫穷客户，这些微型金融机构就发生了使命漂移。但 Cull 等（2007）则强调，微型金融机构出现使命漂移并不意味着排除穷人，也不意味着不再服务于穷人，只是无论是吸收新的客户，还是对现有客户，微型金融机构都从偏向于穷人转为偏向于相对富裕的人群。第二种观点则从微型金融机构的目标进行定义。如 Mosley 和 Hulme（1998）指出，使命漂移是指微型金融机构为了自身的可持续性发展，放弃那些需求小额贷款的穷人转而向更为富裕的客户提供更大额度的贷款。Copestake（2007）也认为，以"社会扶贫"为初衷的微型金融机构，在实践中却产生追求可持续性发展的结果，即为使命漂移。而 Charitonenko 和 Rahman（2002）、Fernando（2003）、Prahalad（2005）以及 Rhyne（2005）等学者则从资金捐赠者的视角指出，使命漂移表现为捐赠者从将微型金融机构定位于"慈善"转为追求微型金融机构的财务可持续发展（熊芳，2011）。

（2）农村正规金融机构双重目标兼顾不均衡与微型金融机构的使命漂移的区别。农村正规金融机构不同于微型金融机构，从经营目标来看，农业政策性银行服务于国家农业产业政策需要，中国农业银行立足"三农"，服务于股东利益，农村合作金融机构未来改制为农村商业银行，其目标也是盈利性的，包括新型农村金融机构（村镇银行和农村资金互助社）主要经营目标也是盈利性目标。从服务对象来看，农村正规金融机构以服务农村、农业和农户为主，并不是以服务贫穷农户为主。农村正规金融机构双重目标兼顾是指农村正规金融机构在实现财务可持续的情况下，兼顾"三农"金融服务。实现双重目标的协调和平衡，侧重点在于如何保证农村正规金融机构在财务可持续的条件下更好更多地服务"三农"，促进农村经济发展。因此，农村正规金融机构双重目标兼顾不均衡问题不同于微型金融机构的使命漂移问题。

2.2　农村正规金融机构双重目标兼顾的理论依据

对于农村正规金融机构的双重目标兼顾的评价指标体系借鉴了农村金融机构业绩评价体系理论的分析的框架，但评价指标选取没有采用覆盖面和可持续性指标。农村正规金融机构服务农户和农村小微企业的理论依据是农村普惠金融理论和微型金融理论。促进新型农村金融机构发展，尤其是大力发展综合型农村资金互助社的理论依据是内生金融理论。完善农村正规金融机构的双重目标兼顾的制度和政策的理论依据是政府的角色和作用理论。

2.2.1　农村金融机构业绩评价体系理论

农村正规金融机构双重目标兼顾指标评价体系的理论依据参考了1992年世界银行专家 Yaron 提出的一套对农村金融机构业绩进行评估的分析框架（见图 2－1）。同时，借鉴商业银行内部监管评级的基本原则、方法和"骆驼（CAMEL）评级体系"。Yaron 提出的农村金融机构业绩评价理论假定：农村金融机构采用有效的方式为目标客户提供丰富的金融产品和服务，有利于农村居民收入的增加，减少贫困人口，金融机构的发展目标也得以实现。该评价体系包括两个指标,一是覆盖面,二是可持续性。在覆盖面上,该评价理论体系从目标客户的视角来评价农村金融机构的目标客户覆盖面及所提供金融产品和服务的质量,主要包括三个方面,即相对收入水平、服务质量和市场渗透状况。相对收入水平主要考察农村金融机构对不同收入水平的目标客户的覆盖率;服务质量主要考察交易成本、提供金融产品和服务的灵活性;市场渗透状况主要考察存贷款规模和营业网点及员工人数。在可持续性方面,该分析评价指标体系考虑了补贴因素,并提出了衡量标准,即补贴依赖指数。农村金融机构与其他金融机构不同,补贴对农村金融机构的持续性影响较大。如果增加补贴,其经营绩效就会改善。如果减少或终止补贴,经营绩效就会下降,有些农村金融机构甚至无法维持经营。因此,Yaron 在农村金融机构业绩评价体系中引入补贴因素,来评价农村金融机构对补贴的依赖程度,以此衡量农村金融机构的可持续性。本书参考了该体系的分析框架,但没有采用覆盖面和可持续性指标,而是利用了由中国人民银行和中国银监会等部门发布的反映农村正规金融机构服务"三农"信贷状况的信贷规模和结构数据以及反映农村正规金融机构的财务可持续状况的历年财务数据来分析和评价农村正规金融机构双重目标兼顾状况。

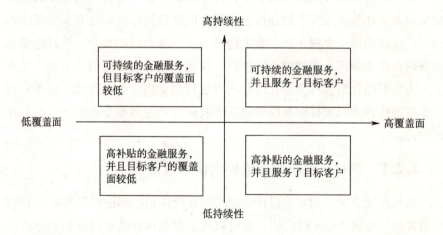

资料来源:Jacob Yaron, 1992, *Successful Rural Finance Institutions Discussion*, Paper No. 150 Washington D. C. : World Bank.

图 2 - 1 Yaron 业绩优化评价体系

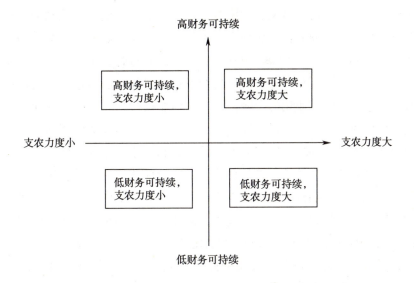

图 2 - 2　双重目标兼顾的评价体系

2.2.2　微型金融和普惠金融体系理论

联合国为了促进千年发展目标的实现，把 2005 年定为国际小额信贷年。2006 年度诺贝尔和平奖授予了孟加拉国经济学家穆罕默德·尤努斯及其创立的乡村银行。微型金融是在正规金融机构体系之外发展起来的一种金融经营模式。微型金融发展的开端是 1976 年孟加拉国的穆罕默德·尤努斯教授在该国开展的致力于解决农村贫困人群金融服务不足问题的乡村银行项目。微型金融是小额信贷多样化和持续化的结果。微型金融理论是在小额信贷理论基础上发展而来。微型金融目标客户是在农村从事农业耕种、牲畜饲养、农产品加工以及小商品贩卖的低收入人群，但是极度贫困的人群不是微型金融的目标客户，应该由政府通过减贫项目等途径帮助这些人获得最基本的生活保障。

根据世界银行的定义，微型金融是指对低收入人口提供的小额金融服务。虽然微型金融的核心是小额贷款（Microcredit），但是微型金融不仅仅是小额信贷，还包括存款、保险及汇兑等金融服务。微型金融是一个非常宽泛的概念，只要是以低收入群体为目标的各种类型的金融服务，无论其性质、规模和发起人如何，都应该算作是微型金融业务。因此，微型金融既包括正规金融机构（如商业银行）所开展的微型金融，也包括非正规金融机构和个人所开展的微型金融服务，既包括商业化的、以盈利为目的微型金融，也包括非商业化的微型金融项目，如国家发起的针对穷人的扶贫贷款项目（赵冬青和王康康，2009）。微型金融的商业化指的是在提供微型金融服务时以盈利和财务上的可持续发展为目标，所以这一类的微型金融服务一般由一些商业化的金融机构（如商业银行）来提供。商业化的微型金融机构或微型金融项目一般具有三个特征：一是在经营理念上追求和重视盈利，以脱离补贴、实现财务上的独立和自给自足为目标，与此同时兼顾微型金融的社会效益；二是在管理上实行商业化机构的管理，比较重视效率；三是这些机构一般都是正规机构，在有关部门登记注册，接受相关监管部门的监督和管理，受一些相关法律法规的约束，因此，微型金融的商业化又通常是和微型金融的正规化联系在一起的。根据以上这些标准，目前世界上较为知名和成功的微型金融机构或项目基本都是商业化的，商业化是微型金融的未来发展方向（赵冬青和王康康，2009）。

普惠金融体系是小额信贷理论和实践的发展。2005 年联合国提出普惠金融理念，希望为没有充分享受金融服务的人提供全方位的金融服务。农村普惠金融体系是指将储蓄、汇款和贷款等基本的金融服务，尽可能全方位地、有效地覆盖农村所有人群的金融服务体系。普惠金融体系框架认同的是，只有将包括穷人在内的金融服务有机地融入微观、中观和宏观三个层面的金融体系，才能使过去被排斥于金融服务之外的大规模客户群体获益。最终，这种包容性的金融体系能够对发展中国家的绝大多数人，包括过去难以到达的更贫困和更偏远地区的客户开放金融市场。从客户层面看，贫困和低收入客户是普惠金融体系的中心之一，他们对金融服务的需求决定着普惠金融体系各个层面的行动。从金融服务的主体方面看，普惠金融体系的"脊梁"仍然是零售金融服务的提供者，它们直接向穷人和低收入者提供服务。这些金融服务提供者包括从民间借贷者到商业银行的各类机构。此外，普惠金融体系还包括各种基础性的金融设施和一系列能使金融服务提供者降低交易成本、扩大服务规模和深度、提高技能、促进透明度的金融中介，其中包括审计师、评级机构、专业网络、行业协会、征信机构、支付结算系统、信息技术、技术咨询服务、培训等。这些服务实体可以是跨国界的、地区性的或全球性的组织。要使可持续性的小额信贷蓬勃发展，还必须有适宜的法规和政策框架，它们包括中央及地方的政策法规、财税政策、利率政策、批发融资政策等。对小额信贷机构和普惠金融体系的评价要同时考核它的社会效益指标和业务业绩指标（杜晓山，2010）。

目前我国农村金融改革迈入构建普惠金融体系的新阶段，普惠金融目标的实现要求农村正规金融机构在获取收益的同时为农户和小微企业服务。在中国构建农村普惠金融体系，鼓励和支持农村正规金融机构开展微型金融业务，可以促进农村正规金融机构实行双重目标兼顾。

2.2.3　内生金融理论

按照由政府还是民间组织设立，可以将农村金融组织划分为外生农村金融组织与内生农村金融组织，外生农村金融组织是指由政府自上而下主导设立的农村正规金融组织，如中国农业发展银行、中国农业银行、中国邮政储蓄银行和目前的农村合作金融机构等。内生农村金融组织是指在农村金融需求拉动下由民间人士和民间组织自下而上自发形成的民间金融组织，如农村资金互助社、地下钱庄等。农户借贷资金来源于外生农村金融组织和内生的农村金融组织，目前我国农户的信贷需求主要是通过农村内生金融组织满足的。农村内生金融组织在信息对称、交易成本和信贷风险等方面相对于外生金融组织具有比较优势。在小农经济条件下将农户储蓄留在内生于农村社区的民间合作金融组织，让农民享有产业利润与金融利润，通过诱致性制度变迁自下而上内生出的综合型农村资金互助组织能够较好地满足农户的信贷需求，因此应该促进其健康发展。

2.2.4　政府的角色和作用

（1）农村金融市场失灵。我国农村金融市场存在着一定程度的市场失灵，主要表现为：一是交易成本和信贷风险较高。农户和小微企业的信贷需求是小额、短期的，金融机构对农户和小微企业提供信贷服务的交易成本较高，缺乏担保、抵押品，加之农业的弱质性、农业的自然风险和市场风险较高，导致农村正规金融机构的信贷风险较大。二是垄断。我国农村金融市场是一个不完全竞争的市场，垄断程度较高。垄断市场的利率水平远远高于竞争市场的均衡利率水平，农户和小微企业等弱势群体需承受过高资金成本的信贷供给，不利于农村经济发展和农民增收。三是信息不对称。城乡金融市场具有不同的信息特征。在农村金融市场上，信息流动和扩散受制于狭小的空间和熟人圈子。在熟人社区里，监管成本和搜寻成本较低。通过大量发放关系型贷款，服务于农户和微小企业的中小金融机构更适合熟人社会特点的农村金融市场。服务于大中型企业的大中型金融机构更适合于具有陌生人社会特点的城市金融市场。四是金融排斥。微小企业和农户，尤其是贫困农户常常被排除在农村信贷市场之外。

（2）政府在农村正规金融机构双重目标兼顾中扮演的角色。1776年亚当·斯密发表《国民财富的性质和原因的研究》（简称《国富论》），亚当·斯密提出应该由"看不见的手"来支配社会经济发展。在"理性人"假定条件下，斯密认为自利行为、私有化和竞争的市场会实现个人利益最大化，而个人利益最大化将导致社会利益最大化。政府的作用在于对个人利益的保护，使私人财产不受侵犯。亚当·斯密曾说，政府是守夜人，负责维护国家的安全。20世纪30年代的大危机，对"看不见的手"的市场机制功能提出了严峻挑战，凯恩斯理论的出现顺应了经济发展的潮流，该理论倡导政府干预，弥补市场失灵。"二战"以后，凯恩斯的国家干预主义成为主流经济理论。在20世纪70年代西方国家出现了"滞胀"，凯恩斯理论无法给出合理的解释，对凯恩斯理论进行修正还是重新回到斯密理论框架，经济学家们进行了积极探索。新凯恩斯主义、理性预期学派、供给学派、货币主义学派应运而生。

2.3 农村正规金融机构双重目标兼顾的评价指标体系

2.3.1 财务可持续的评价指标体系

2004年1月，中国银监会制定并发布了《农村合作金融机构风险评价和预警指标体系（试行）》。2005年12月，中国银监会印发了《商业银行监管评级内部指引（试行）》，并于2006年1月1日开始实施。目前，我国形成了针对商业银行和农村信用社的两套监管评价体系。本书选用体现农村正规金融机构的盈利性、安全性、流动性及成长性的财务指标来综合分析财务可持续。财务可持续性的评价指标的选取主要考虑数据的可得性和可比性，还要能够反映农村正规金融机构财务可持续状况。本书选取了如下4类10个指标（见表2-1）：第一类是安全性分析指标，主要包括资本充足率和不良贷款率；第二类是流动性分析指标，主要包括存贷比和资产负债率；第三类是盈利性分析指标，主要包括资产收益率、权益报酬率和成本收入比；第四类是成长性分析指标，包括资产增长率、所有者权益增长率和利润增长率。

（1）安全性分析指标。安全性是指农村正规金融机构避免各种不确定因素对自身的影响，保证农村正规金融机构稳健经营和健康发展。资本充足率是指农村正规金融机构资本与农村正规金融机构加权风险资产的比例。该指标反映当农村正规金融机构的资产遭到损失之后，农村正规金融机构以自有资本弥补损失的程度和抵御风险的能力。该指标越高，反映农村正规金融机构抵御风险的能力越强。不良贷款率指农村正规金融机构不良贷款占总贷款余额的比重，不良贷款率越高，说明农村正规金融机构回收贷款的风险越大，不良贷款率越低，说明农村正规金融机构回收贷款的风险越小。

（2）流动性分析指标。流动性是指农村正规金融机构满足存款人提取现金、支付到期债务和借款人正常贷款需求的能力。衡量流动性的指标主要有存贷比、资产负债率等。存贷比是指农村正规金融机构贷款总额占存款总额的比例，从农村正规金融机构盈利的角度讲，存贷比越高越好。如果一家农村正规金融机构吸收的存款很多，发放的贷款很少，就会导致成本增加，收入减少，从而农村正规金融机构的盈利水平就下降，所以农村正规金融机构尽量提高存贷比。但是从抵御风险的角度讲，农村正规金融机构的存贷比不能太高，因为农村正规金融机构还要满足客户现金提取和结算的需要，这就需要农村正规金融机构留有足够的准备金，如存贷比过高，出现流动性不足，会导致农村正规金融机构面临支付危机。资产负债率是指农村正规金融机构年末的负债余额同资产余额的比率，表示农村正规金融机构有多少资产是通过负债形成的，该指标反映了农村正规金融机构利用债权人资金的经营能力。一般情况下，资产负债率越小，表明农村正规金融机构的长期偿债能力越强。

（3）盈利性分析指标。盈利性目标是指农村正规金融机构的经营管理者在可能的情况下，尽可能地追求利润最大化。资产收益率是农村正规金融机构税后利润与农村正规金融机构平均资产的比率，该指标越高，表明农村正规金融机构资产利用效益越好，获利能力越强。权益报酬率是农村正规金融机构税后利润与平均所有者权益的比率，该指标反映农村正规金融机构所有者权益的盈利水平。一般认为，权益报酬率越高，农村正规金融机构自有资本获取收益的能力越强，经营效益越好，对农村正规金融机构的投资人、债权人的保证程度越高。成本收入比是农村正规金融机构营业费用与营业收入的比率，反映出农村正规金融机构每一单位的收入需要支出多少成本，该比率越低，说明农村正规金融机构单位收入的成本支出越低，获取收入的能力越强。

（4）成长性分析指标。资产增长率是农村正规金融机构本年资产增长额同上一年末资产总额的比率，反映农村正规金融机构本期资产规模的增长趋势和幅度。该指标越高，表明农村正规金融机构一定时期内资产规模增长速度越快。净利润增长率是指农村正规金融机构本年净利润减去上年净利润之差再除以上年净利润的比值，该指标值越高，说明农村正规金融机构盈利能力越强。所有者权益增长率是指农村正规金融机构本年所有者权益增长额同上一年末所有者权益的比率，该指标表示农村正规金融机构当年资本的积累能力，是评价农村正规金融机构发展潜力的重要指标。

表 2-1   农村正规金融机构的财务可持续性评价指标体系

一级指标	二级指标	计算公式
安全性	不良贷款率	（次级类贷款＋可疑类贷款＋损失类贷款）/各类贷款余额
	资本充足率	资本/经过风险加权后的资产
流动性	存贷比	贷款总额/存款总额
	资产负债比率	期末负债总额/期末资产总额
盈利性	资产收益率	净利润/〔（期初总资产＋期末总资产）/2〕
	权益报酬率	净利润/〔（期初净资产＋期末净资产）/2〕
	成本收入比	成本收入比＝业务及管理费/（利息净收入＋手续费及佣金净收入＋其他非利息收入）
成长性	资产增长率	（当年期末总资产余额/上年期末总资产余额）－1
	净利润增长率	（本年净利润/上一年净利润）－1
	所有者权益增长率	（本年所有者权益/上一年所有者权益）－1

2.3.2 服务"三农"信贷的评价指标体系

本书在评价农村正规金融机构服务"三农"信贷状况时，选用的指标以中国人民银行和中国银监会及农村正规金融机构提供的公开数据作为选取指标的依据，主要原因是数据的可获得性，具体指标见表2－2。

（1）涉农贷款。涉农贷款按照城乡地域分类，包括农村贷款、城市企业及各类组织涉农贷款。农村贷款又包括农户贷款、农村企业及各类组织贷款。

（2）农村贷款。农村贷款指发放给农村企业及各类组织和农户的，用于满足生产经营和消费需要的贷款。包括农村企业及各类组织贷款和农户贷款。

（3）农户贷款。农户贷款指金融机构提供给农户用于消费和生产经营的贷款。农户贷款的判定应以贷款发放时的承贷主体是否属于农户为准。

（4）农业信贷深度。该指标是指农业贷款与第一产业（或农业）增加值的比。计算公式为：农业贷款/第一产业（或农业）增加值。对比指标是：全国金融机构贷款与GDP之比。具体应用见第五章第二节。

（5）存贷比。计算公式同上，即农村正规金融机构财务可持续评价指标体系。此指标一定程度上可以反映农村正规金融机构对农村贷款需求的满足程度。具体主要应用见第四章第一节。

（6）存贷差。存贷差是指农村正规金融机构存款与贷款的差额，该指标一定程度上可以反映农村正规金融机构对农村贷款需求的满足程度，以及农村资金外流情况。具体主要应用见第四章第一节。

表2－2　　农村正规金融机构的服务"三农"信贷评价指标体系

宏观指标		指标解释	微观指标		指标解释
涉农贷款	余额	本年末涉农贷款余额	涉农贷款	余额	本年末涉农贷款余额
	增长率	涉农贷款增长率＝本年涉农贷款增长额/上年末涉农贷款余额		增长率	涉农贷款增长率＝本年涉农贷款增长额/上年末涉农贷款余额
	当年增加额	当年新增涉农贷款		当年增加额	当年新增涉农贷款
	增长率	涉农贷款增长率＝本年涉农贷款增长额/上年末涉农贷款增长额		增长率	涉农贷款增长率＝本年涉农贷款增长额/上年末涉农贷款增长额

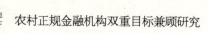
续表

宏观指标		指标解释	微观指标		指标解释
农村贷款	余额	本年末农村贷款余额	农村贷款	余额	本年末农村贷款余额
	增长率	农村贷款增长率＝本年农村贷款增长额/上年末农村贷款余额		增长率	农村贷款增长率＝本年农村贷款增长额/上年末农村贷款余额
	当年增加额	当年新增农村贷款		当年增加额	当年新增农村贷款
	增长率	农村贷款增长率＝本年农村贷款增长额/上年末农村贷款增长额		增长率	农村贷款增长率＝本年农村贷款增长额/上年末农村贷款增长额
农户贷款	余额	本年末农户贷款余额	农户贷款	余额	本年末农户贷款余额
	增长率	农户贷款增长率＝本年农户贷款增长额/上年末农户贷款余额		增长率	农户贷款增长率＝本年农户贷款增长额/上年末农户贷款余额
	当年增加额	当年新增农户贷款		当年增加额	当年新增农户贷款
	增长率	农户贷款增长率＝本年农户贷款增长额/上年末农户贷款增长额		增长率	农户贷款增长率＝本年农户贷款增长额/上年末农户贷款增长额
农业贷款	余额	本年末农业贷款余额	农业贷款	余额	本年末农业贷款余额
	增长率	农业贷款增长率＝本年农业贷款增长额/上年末农业贷款余额		增长率	农业贷款增长率＝本年农业贷款增长额/上年末农业贷款余额
	当年增加额	当年新增农业贷款		当年增加额	当年新增农业贷款
	增长率	农业贷款增长率＝本年农业贷款增长额/上年末农业贷款增长额		增长率	农业贷款增长率＝本年涉农贷款增长额/上年末涉农贷款增长额
农户储蓄	余额	本年末农户储蓄存款余额	农户储蓄	余额	本年末农户储蓄存款余额
	增长率	农户储蓄存款增长率＝本年农户储蓄存款增长额/上年末农户储蓄存款余额		增长率	储蓄存款增长率＝本年储蓄存款增长额/上年末储蓄存款余额
	当年增加额	当年新增农户储蓄存款		当年增加额	当年新增农户储蓄存款
	增长率	农户储蓄存款增长率＝本年农户储蓄存款增长额/上年末农户储蓄存款增长额		增长率	农户储蓄存款增长率＝本年农户储蓄存款增长额/上年末农户储蓄存款增长额

2.3.3　评价指标体系使用时需考虑的问题

农村正规金融机构包括农业政策性金融、农村合作性金融和农村商业性金融，不同的金融机构使用一套指标肯定是不妥当的，农业政策性金融的目标是政策性，考核时应该主要体现政策性目标的考核。农村商业性金融的目标是盈利性，考核时应该主要体现商业性目标的考核。合作性金融机构的目标既不是政策性，也不是商业性，而应该是政策性和商业性兼顾。因此针对不同类型农村金融机构，在评价双重目标兼顾时，给不同类型农村金融机构的反映政策性的指标和反映商业性的指标以不同的权数。

（1）不同类型农村正规金融机构双重目标兼顾的评价指标应该有所区别。针对不同类型农村正规金融机构双重目标兼顾评价应该有所区别。四类农村正规金融机构具有不同的特点，在评价时不适合按同一标准来评价他们的双重目标兼顾状况。中国农业发展银行是政策性银行，在评价其双重目标兼顾时，应该侧重政策性目标的评价，同时兼顾财务目标的评价。中国农业银行是上市银行，在评价其双重目标兼顾时，应该侧重财务目标的评价，同时兼顾政策性目标的评价。对于农村合作金融机构和新型农村金融机构双重目标兼顾的评价时，可以参照农村商业银行的评价。在设计农村正规金融机构双重目标评价体系时，标准比较单一，研究比较粗浅，希望以后能够深入研究。本书从整体上粗略地分析和评价了各类农村正规金融机构双重目标兼顾状况，研究目的主要是为了指出农村正规金融机构双重目标兼顾不均衡的问题。

（2）为了弥补评价指标体系的不足，本书从农户视角评价农村正规金融机构对农户信贷的满足情况，避免单一从农村正规金融机构视角去评价农村正规金融机构对"三农"信贷的服务状况，可能带来的评价失真问题。

2.4　本章小结

农村正规金融机构双重目标是指财务可持续目标和服务"三农"信贷的目标。财务可持续目标是指在没有政府补贴的条件下能够实现财务收支平衡，并实现盈利。而服务"三农"信贷的目标是指对"三农"信贷服务能够尽可能多地满足农户和农村小微企业及农业发展的信贷需求，有效地解除农户和农村小微企业的信贷约束，扩大农户和农村小微企业的信贷可得性。农村正规金融机构双重目标兼顾是指农村正规金融机构在财务可持续基础上更好地满足"三农"信贷服务的需要，即农村正规金融机构保证其服务"三农"的方向不动摇，同时实现财务可持续性。农村正规金融机构实现双重目标兼顾有利于农村金融机构履行社会责任，更有利于农村普惠金融体系的构建。农村的正规金融机构服务"三农"信贷目标与财务可持续目标之间的关系是对立统一关系。农村正规金融机构双重目标兼顾的理论依据是农村金融机构业绩评价体系理论、内生金融理论、普惠金融和微型金融理论以及政府的角色和作用。农村正规金融机构双重目标兼顾的评价指标体系应该包括两个方面：一方面反映农村正规金融机构对当地农村信贷服务的改善；另一方面反映农村正规金融机构自身的财务可持续。

第三章　农村正规金融机构双重目标兼顾状况的宏观分析

首先简要分析了农村正规金融机构的现状，然后从资产、负债和所有者权益以及财务指标角度分别对农村合作金融机构、农村政策性金融机构、农村商业性金融机构和新型农村金融机构四类农村正规金融机构的财务可持续状况进行分析。其次，从规模和结构角度分别对农村合作金融机构、农村政策性金融机构、农村商业性金融机构和新型农村金融机构四类农村正规金融机构服务"三农"信贷状况进行分析。

3.1　农村正规金融机构发展现状分析

农村正规金融机构包括农村合作金融机构、农村商业性金融机构、农村政策性金融机构和新型农村金融机构。农村合作金融机构包括农村商业银行、农村信用社和农村合作银行。农村商业性金融机构包括中国农业银行和中国邮政储蓄银行，本书选取中国农业银行来分析农村商业性金融机构。农村政策性金融机构主要分析中国农业发展银行。新型农村金融机构包括农村资金互助社、村镇银行和贷款有限公司，本书主要分析村镇银行和农村资金互助社。

3.1.1　农村合作金融机构发展现状

中国农村合作金融机构①是服务"三农"的主力军。我国农村合作金融机构包括三种模式，即省联社、农村合作银行和农村商业银行。在 2003 年深化改革试点以来，深入推进产权改革，不断完善公司治理，经营状况显著改观，整体面貌发生实质性变化，步入良性发展轨道。截至 2011 年底，全国共有农村合作金融机构 2 667 家，其中农村商业银行 212 家、农

---

① 按照中国银监会的界定农村合作金融机构包括农村信用社、农村合作银行和农村商业银行。本书所界定的农村信用社，广义是指农村合作金融机构。狭义是指 2003 年以来的省联社模式，即名义上是合作制，实际上已不是合作制。

村合作银行 190 家；农村信用社资产、负债和存款规模达到改革前的 5 倍以上；资本充足率、不良贷款率等主要监管指标持续改善，风险逐步化解。2011 年全国农村信用社新增涉农贷款和农户贷款分别为 7 374 亿元和 3 093 亿元，期末余额同比增长 19% 和 15%。2011 年末涉农贷款余额占各项贷款的比例为 68.9%，比上年末提高 0.5 个百分点。尽管农村合作金融机构已取得很大成绩，但在体制、机制上仍然存在一些问题制约其发展。以合作制名义规范的省联社和股份合作制形式的农村合作银行已经被理论和实践证明不可行，农村商业银行能够更好地实现产权结构清晰，建立真正现代农村金融企业制度，实现公司治理水平的不断提高，经营业绩的不断改善。未来农村合作金融机构改革与发展的路径选择应该主要是股份制形式的农村商业银行。

3.1.2 农村商业性金融机构发展现状

3.1.2.1 中国农业银行现状

中国农业银行作为大型国有商业银行，多年来在服务"三农"、服务经济社会发展中作出了重要贡献。在农村金融体系中，中国农业银行应该发挥主渠道和骨干作用。中国农业银行于 2010 年 7 月 15 日和 16 日分别在上海证券交易所和香港联交所两地上市。总发行 25 570 588 000 股，实际募集资金总额 685.29 亿元，每股发行价 2.68 元，发行市盈率 14.43。上市后中国农业银行财务可持续状况不断改善。截至 2011 年末[①]，中国农业银行总资产 116 775.77 亿元，各项存款 96 220.26 亿元，各项贷款 56 287.05 亿元，资本充足率 11.94%，不良贷款率 1.55%，全年实现净利润 1 219.56 亿元。中国农业银行服务"三农"的途径主要有三条：一是成立"三农金融事业部"；二是设立村镇银行；三是向农村中小金融机构批发资金。这三条途径中，成立"三农金融事业部"是服务"三农"的主要途径，另外两条途径发挥的作用不大。

（1）"三农金融事业部"组织架构和运行机制[②]。第一，组织架构。

---

① 数据来源于 2011 年中国农业银行年报。

② 中国农业银行将"三农"金融业务界定为县域金融业务，即通过位于全国县及县级市（即县域地区）的所有经营机构，向县域客户提供广泛的金融服务。该等业务统称为县域金融业务，又称"三农"金融业务。中国的县域地区为县级行政区划（不包括市辖区）及所辖地区，包括 2 003 个建制县和县级市（2010 年末）。

总行"三农金融事业部"设置"四部五中心"（"四部"即"三农"政策与规划部、农村产业金融部、农户金融部、"三农"信贷管理部；"五中心"即"三农"核算与考评中心、"三农"风险管理中心、"三农"产品研发中心、"三农"人力资源管理中心、"三农"资本和资金管理中心），对"三农"业务实行专业化管理。总行和分行加大了对县域支行的差异化授权力度，在风险可控的前提下最大限度地下沉经营重心，强化县域支行一级经营地位，激发县域支行经营活力，不断提升县域支行的市场竞争力。第二，运行机制。"三农金融事业部"改革试点实行总行、试点省分行、地市分行管理部门"三级督导"，县域支行"一级经营"，中国农业银行从加强制度体系建设入手，对"三农金融事业部"实行了"六个单独"的专门机制安排，充分调动了基层行服务"三农"的积极性，提高了"三农金融事业部"经营管理效率。单独核定"三农金融事业部"营运资本，逐级配置经济资本，以资本约束县支行风险增长。单独制定"三农"信贷政策制度，建立"三农"信贷审查审批通道，使"三农"客户"进得来、贷得到、贷得快"。单独建立会计核算体系，上线核算系统，制定核算规则，实现"三农金融事业部"小账与全行大账"分得开、算得准、说得清、信得过"。单独建立资金平衡与运营机制，对事业部实行收支两条线的全额资金管理，明确规定县域组织的资金总体上要用于县域。单独足额计提"三农"风险拨备，单独及时核销"三农"呆账贷款，确保"三农"风险得到有效控制。单独建立"三农"金融部考评体系，建立差异化的县支行员工激励机制，充分调动了广大干部职工服务"三农"的积极性。

（2）中国农业银行通过设立村镇银行间接服务"三农"信贷业务。表3-1显示，截至2011年末，中国农业银行作为主发起人，分别在陕西省安塞县、安徽省绩溪县、内蒙古自治区赤峰市克什克腾旗和湖北省汉川市设立了4家村镇银行。

表3-1 中国农业银行设立村镇银行的概况

村镇银行	汉川农银村镇银行	克什克腾农银村镇银行	安塞农银村镇银行	绩溪农银村镇银行
成立时间	2008年8月	2008年8月	2010年3月	2010年5月
设立地点	湖北省汉川市	内蒙古自治区赤峰市克什克腾旗	陕西省延安市安塞县	安徽省宣城市绩溪县

续表

村镇银行	汉川农银 村镇银行	克什克腾农银 村镇银行	安塞农银 村镇银行	绩溪农银 村镇银行
注册资本（万元）	2 000	1 960	2 000	2 940
农行出资（万元）	1 000	1 000	1 020	1 500
农行持股（%）	50	51.02	51	51.02

注：数据根据中国农业银行年报（2008—2011 年）数据进行整理和计算。中国农业银行网址：http://www.abchina.com/cn/。

　　表 3-2 显示，中国农业银行发起设立的 4 家村镇银行中，汉川农银村镇银行资产收益率比较高，为 3.04%，而安塞农银村镇银行的资产收益率比较低，为 1.29%。总体来看，中国农业银行设立的村镇银行资产收益率比中国农业银行平均资产回报率（1.11%）高。中国农业银行发起设立的 4 家村镇银行中，2011 年末，汉川农银村镇银行的存贷比最低，克什克腾农银村镇银行的存贷比最高，超过了存贷比 75% 的监管标准。表 3-3 显示，2011 年中国农业银行发起设立的 4 家村镇银行存贷款规模情况。

表 3-2　2011 年中国农业银行发起设立村镇银行的主要财务指标

	项目	汉川农银 村镇银行	克什克腾 农银村镇银行	安塞农银 村镇银行	绩溪农银 村镇银行
财务指标	资产（亿元）	1.60	1.71	1.35	1.87
	净利润（万元）	485.92	396	174.51	459.13
	资产收益率①（%）	3.04	2.32	1.29	2.46
	存贷比（%）	62.79	78.10	72.29	73.72

注：数据根据中国农业银行年报（2008—2011 年）数据进行整理和计算。中国农业银行网址：http://www.abchina.com/cn/。

表 3-3　2011 年中国农业银行发起设立村镇银行的存贷款规模　　单位：亿元

项目	汉川农银 村镇银行	克什克腾农银 村镇银行	安塞农银 村镇银行	绩溪农银 村镇银行
各项贷款	0.81	1.07	0.60	1.01
各项存款	1.29	1.37	0.83	1.37

注：数据根据中国农业银行年报（2008—2011 年）数据进行整理和计算。中国农业银行网址：http://www.abchina.com/cn/。

---

① 资产收益率 = 净利润/资产。

（3）中国农业银行还通过向农村中小金融机构批发资金来服务"三农"。如中国农业银行与中国扶贫基金会的合作，对其完成2亿元的特别授信，积极落实与河北易县扶贫社、河南南召县扶贫社、贵州兴仁县农村发展协会和青海同仁县乡村发展协会等四家扶贫小额信贷组织的批发贷款合作协议。目前，从中国农业银行对农村中小金融机构批发资金的规模来看，还是偏小，并且没有形成持续性制度化的安排。

3.1.2.2 中国邮政储蓄银行现状

2007年3月中国邮政储蓄银行挂牌成立。中国邮政储蓄银行的定期存单小额质押贷款等服务农村建设的业务已在全国铺开，邮政储蓄"只存不贷"的历史宣告结束。2011年，经中国银监会同意，中国邮政储蓄银行有限责任公司整体改制为中国邮政储蓄银行股份有限公司。按照商业银行标准完善公司治理机制建设，经营行为进一步规范，风险管理能力持续增强。稳步推进二类支行改革，代理营业机构管理体制进一步理顺。充分发挥覆盖城乡的网络优势，服务"三农"、服务小微企业、服务社区的水平不断提升。表3-4显示，中国邮政储蓄银行2011年存款余额比2009年增长了41.53%，2011年贷款余额比2009年增长了21.41%。存款增长快于贷款增长。存款增长速度基本是贷款增长速度的2倍。从存贷比和存贷差来看，中国邮政储蓄银行贷款规模偏小，主要是因为中国邮政储蓄银行缺乏具有放贷经验的专业人员，经营管理水平有待进一步提高。

表3-4　　　　　　2007—2011年中国邮政储蓄银行资产、
负债、存款和贷款余额　　　　　单位：亿元

年份	2007	2008	2009	2010	2011
存款	17 216.54	20 800.4	24 049.80	28 471.43	34 037.07
贷款	—	—	5 225.11	5 258.71	6 343.56
资产	11 920.6	22 301.84	27 013.00	33 961.34	41 072.07
负债	11 802.2	22 083.88	26 693.22	33 419.46	40 182.72
所有者权益	118.4	217.96	319.78	541.88	889.36

注：数据来源于历年《中国金融年鉴》。

本书在分析农村商业性金融机构时，以中国农业银行的县域金融业务为例来分析和说明。

3.1.3 农村政策性金融机构发展现状

对于农村政策性金融机构，本书以中国农业发展银行为例来分析和说明。中国农业发展银行是农村政策性金融机构。中国农业发展银行自1994年成立以来，与时俱进地调整业务范围，主要经历了三个阶段：1994年成立至1998年3月，主要业务为粮棉油收购贷款、储备贷款和调销贷款，同时承担农业开发、扶贫等专项贷款以及粮棉企业加工贷款等；1998年3月至2004年7月，专司粮棉油收购信贷业务；2007年7月以后业务范围逐步拓展，先后开办农业产业化龙头企业和加工企业贷款、小企业贷款和农业科技贷款、农业基础设施建设和农业综合开发贷款等商业性业务。2004年以来，中国农业发展银行逐步形成了"一体两翼"业务新格局。中国农业发展银行提出"十二五"时期实施"两轮驱动"业务发展战略，"两轮"是指：一是着力发展以粮棉油收储、加工、流通为重点的全产业链信贷业务；二是着力发展以支持新农村建设和水利建设为重点的农业农村基础设施建设中长期信贷业务。当前，中国农业发展银行应该将贷款支持对象扩大到农林牧副渔生产、加工转化及农业科技等更广泛的农村经济领域，加大对农业综合开发和农村基础设施建设项目的信贷投放力度，加大对农业科技的贷款支持力度。截至2011年末[1]，全年累放人民币贷款13 146.5亿元，年末人民币贷款余额达18 738.4亿元，比年初增加2 028.5亿元，增长12.1%。全年累放粮棉油收储贷款4 326亿元，比上年增加1 545.9亿元，支持收储粮食3 007.1亿斤、棉花10 080.3万担、油脂79.5亿斤。积极配合国家对其他主要农产品的调控，累放糖、肉、化肥等储备贷款441.9亿元。积极支持以粮棉油为主的农业产业化经营和农业科技创新，累放产业化龙头企业和加工企业贷款1 561.1亿元，支持企业4 971个；累放农业科技贷款62.9亿元，支持项目225个。大力支持农业农村基础设施建设，全年累放中长期贷款3 278.4亿元，累收669.7亿元，年末贷款余额达7 379.2亿元，比年初增加2 608.7亿元，支持新项目2 139个；其中，水利和新农村建设贷款余额3 809.9亿元，比年初增加2 260.9亿元，增长1.5倍。全年发债4 472.7亿元，年末债券余额12 011.2亿元，

---

① 数据来源于中国农业发展银行的官方网站行长致辞。

增长 29.6%；不良贷款实现"双降"，不良贷款率为 1.46%，比年初下降 1.33 个百分点；拨备覆盖率达 162%，实现拨备全覆盖；资产利润率达 2.1%，提高 0.9 个百分点；成本收入比 20.6%，下降 7.5 个百分点；账面利润 90.7 亿元，增长 83%。

3.1.4　新型农村金融机构发展现状

2006 年中国银监会放宽农村金融市场准入政策，允许民间资本到农村地区设立新型农村金融机构，提出农村金融市场开放的试点方案，其基本原则可以简单概括为"低门槛，严监管，增机构，扩服务，先试点，后推广"这 18 个字。2007 年 3 月 1 日，4 家新型农村金融机构正式开始营业。2008 年，试点范围从 6 个省（自治区）扩大到全国 31 个省（自治区、直辖市），一系列扶持和规范新型农村金融机构的政策文件出台。新型农村金融机构包括村镇银行、农村资金互助社和贷款公司。三种新型农村金融机构在出资主体、资金性质、法律地位和监管等方面的比较如表 3 - 5 所示。中国银监会数据显示，截至 2011 年底，银行业金融机构涉农贷款余额 14.6 万亿元，村镇银行的贷款余额为 1 305.1 亿元，村镇银行的贷款余额占银行业金融机构涉农贷款余额的 0.89%，农村资金互助社贷款余额 4.4 亿元，以上数据反映了村镇银行和农村资金互助社对农村的信贷服务具有典型的"盆景金融"的特点。截至 2011 年底，全国 242 家银行业金融机构共发起设立 786 家新型农村金融机构，其中村镇银行 726 家（已开业 635 家），贷款公司 10 家，农村资金互助社 50 家（已开业 46 家）；473 家分布在中西部地区，占 60.2%，313 家分布在东部地区，占 39.8%。新型农村金融机构累计吸引各类资本 369 亿元，各项贷款余额 1 316 亿元，其中小企业贷款余额 620 亿元，农户贷款余额 432 亿元，两者合计占各项贷款余额的 80%。

表 3 - 5　　　　　　　　三种新型农村金融机构的比较

机构	出资主体	资金性质	法律地位	首要目标	所有者地位	监管
村镇银行	境内外金融机构、境内非金融机构企业法人、境内自然人	商业性投资	商业银行、企业法人	盈利	所有者清晰	审慎

续表

机构	出资主体	资金性质	法律地位	首要目标	所有者地位	监管
农村资金互助社	乡（镇）、行政村农民、农村小企业	互助、互益	社区互助性银行业金融机构，企业法人	互助，解决资金困难	所有者清晰	审慎
贷款公司	境内商业银行、境内农村合作银行、外资金融机构	商业性投资	非银行金融机构，企业法人	盈利	所有者清晰	审慎

资料来源：孙同全：《农村金融新政中非政府小额信贷的发展方向探析》，载《农业经济问题》，2007（5）：52－55。

目前存在的主要问题是：一是机构数量增长缓慢，二是区域分布不均衡。

（1）机构数量增长缓慢。第一，新型农村金融机构发展未实现中国银监会三年计划目标。中国银监会原计划到2011年底设立1 294家新型农村金融机构（村镇银行1 027家、贷款公司106家、农村资金互助社161家），但2011年底，三年计划仅仅完成了45.13%。第二，农村资金互助社发展相对停滞。在新型农村金融机构中，村镇银行增长较快，但农村资金互助社和贷款公司增长相对缓慢。表3－6显示，截至2011年末，全国共组建635家村镇银行，比年初增加286家。我国村镇银行设立的数量在这五年的时间里实现了32.4倍的增长，而全国共组建46家农村资金互助社，比年初增加9家。我国农村资金互助社设立的数量在这五年的时间里实现了4.75倍的增长，2007年贷款公司从4家增加到2011年的10家，与2007年相比，增长了1.5倍。从增长速度来看，村镇银行的增长速度远远快于贷款公司和农村资金互助社的增长速度。在新型农村金融机构中，村镇银行数量占比高，而其他两类新型农村金融机构数量占比偏少。截至2011年末，村镇银行占新型农村金融机构的92%，农村资金互助社占新型农村金融机构的7%，贷款公司占新型农村金融机构的1%。

表 3 - 6　　2007—2011 年新型农村金融机构设立的法人机构数量　　单位：家

年份	2007	2008	2009	2010	2011
贷款公司	4	6	8	9	10
农村资金互助社	8	10	16	37	46
村镇银行	19	91	148	349	635
合计	31	107	172	395	691

注：数据根据中国银行业监督管理委员会年报（2007—2011 年）进行整理。中国银行业监督管理委员会网址：http://www.cbrc.gov.cn/index.html。

（2）不同类型新型农村金融机构发展速度差异化的监管解释。银监会推动的新型农村金融机构比地方政府推动的商业性小额贷款公司发展慢，而导致银监会推动的新型农村金融机构发展速度缓慢的重要原因是我国目前实行的集中统一的金融监管体制。这种监管体制有利于实施严格的金融监管，有利于贯彻实施中央政府的宏观经济政策，但却难以照顾到各地多样化的金融需求和供给。特别是在目前我国农村金融体制改革尚未完成，过于集权的金融监管体制不利于自下而上的农村金融创新。一方面，由于存在着信息不对称，集中统一监管的成本较高，监管当局偏好于监管大型金融机构或建立中间管理层次的方式（如设立农村信用社省联社）来分担监管成本、风险和责任，导致政策和法规上对中小型金融机构的发展设置了过多的限制条件，不利于农村竞争性金融市场的形成。另一方面，从金融监管的主要目的来看，监管应主要在防范系统性金融风险方面发挥作用，中央政府垄断性的金融监管体制却有可能将地区性金融风险或单个金融机构的风险集中到中央政府一级，反而容易形成系统风险。

下面从监管的成本、风险和责任视角分别对村镇银行、农村资金互助社和商业性小额贷款公司的不同发展速度进行监管解释。第一，村镇银行的监管成本、风险和责任分析。目前银监会要求村镇银行的发起机构必须是银行业金融机构，监管当局规定村镇银行由商业银行发起并控股，主要是考虑风险控制。由于银行业金融机构作为主发起人，可以有效地降低银监会的监管成本、风险和监管责任。第二，农村资金互助社的监管成本、风险和责任分析。银监会和分支机构按照审慎监管要求对农村资金互助社进行持续、动态监管。对于银监会而言，其监管成本、风险和监管责任较大，以目前银监会的监管资源和能力根本无法实现有效监管和审慎监管。

第三，商业性小额贷款公司的监管成本、风险和责任分析。按照银监会的有关规定，小额贷款公司是工商企业而非金融机构，不需要银行监管部门发放金融经营许可证。小额贷款公司由地方省级政府主管部门负责审批、监管，中国银监会派出机构只对其进行跟踪监测。对于银监会而言，其监管成本较低，承担的责任较小。

通过分析以上三类新型农村金融机构的监管成本、风险和责任，可以看出，对于银监会而言，村镇银行的监管成本最小，农村资金互助社的监管成本最大。如果商业性小额贷款公司也确认为金融机构，则对于银监会而言，其监管成本会增大。监管者具有经济人属性，监管成本和风险最小化是其理性选择，因此监管当局对于发展农村资金互助社不积极，并且始终不将商业性小额贷款公司确认为金融机构，尽量减少自己承担的监管成本和监管责任。这就是导致银监会推动的新型农村金融机构发展缓慢，尤其是农村资金互助社发展更加缓慢的重要原因。

（3）新型农村金融机构区域分布不合理。表3-7显示，截至2011年末，已设立新型农村金融机构总计691家，其中，东部223家，中部162家，西部201家，东北105家。这说明新型农村金融机构分布偏向东部[①]。

表3-7 　　　　　**2011年新型农村金融机构的区域分布** 　　　　单位：家

机构类型	东部	中部	西部	东北	合计
村镇银行	207	152	182	94	635
贷款公司	2	2	4	2	10
农村资金互助社	14	8	15	9	46
合计	223	162	201	105	691

注：数据根据中国银行业监督管理委员会年报（2011）和金融许可证信息进行整理。中国银行业监督管理委员会网址：http://www.cbrc.gov.cn/index.html。

第一，村镇银行的区域分布。村镇银行分布偏向东部地区。表3-8显示，2011年末，村镇银行数量快速增长，基本覆盖全国各省（自治区、直辖市），其中东部207家，中部152家，西部182家，东北94家。但是，已经成立的635家村镇银行的地区分布不够合理，分布偏向东部地区，并

---

① 东北地区包括辽宁、吉林、黑龙江；中部地区包括安徽、河南、湖南、湖北、山西、江西；西部地区包括广西、贵州、陕西、云南、宁夏、新疆、青海、内蒙古、甘肃、重庆、四川；东部地区包括北京、天津、山东、广东、福建、上海、江苏、浙江、河北、海南。

且村镇银行选址多在县城，不利于改善中西部地区和东北地区欠发达县域和乡镇的农村金融服务。截至2011年末，村镇银行设立法人机构家数最多的省份是辽宁省，法人机构个数是55家，机构个数是81家。西藏除外，最少是青海省，只有1家。

第二，农村资金互助社的区域分布。农村资金互助社数量偏少，发展缓慢。全国只有一半省份设立农村资金互助社，具有明显的边缘化特点，是名副其实的"盆景金融"。表3-8显示，截至2011年末，全国有16个省（自治区、直辖市）设立农村资金互助社共46个。其中，东部14家，中部8家，西部15家，东北9家。从省际分布来看，截至2011年末，设立农村资金互助社最多的是浙江省，数量是8家，其次是黑龙江省，数量是5家，山西、甘肃和吉林省都是4家。

表3-8　　　　　　2011年末新型农村金融机构的省际分布　　　　单位：家

区域	省（自治区、直辖市）	村镇银行	农村资金互助社	区域	省（自治区、直辖市）	村镇银行	农村资金互助社
西部	四川	33	1	东部	北京	8	0
	重庆	19	2		天津	5	0
	甘肃	12	4		山东	35	2
	内蒙古	48	2		广东	25	0
	青海	1	2		福建	6	0
	新疆	7	1		上海	9	0
	宁夏	7	0		江苏	44	0
	云南	10	0		浙江	46	8
	陕西	7	0		河北	21	1
	贵州	12	0		海南	8	3
	广西	26	3	中部	安徽	32	1
东北	辽宁	55	0		河南	39	3
	吉林	20	4		湖南	14	0
	黑龙江	19	5		湖北	28	0
					山西	20	4
					江西	19	0

注：数据根据银监会发布的金融许可证信息整理和计算。中国银行业监督管理委员会网址：http：//www.cbrc.gov.cn/index.html。

影响新型农村金融机构区域分布的主要因素：一是经济发展水平。区域金融发展和区域经济增长之间的关系是金融发展与经济增长关系在空间上的具体化，区域经济发展的差距是形成区域金融差异的主要原因之一。设立新型农村金融机构首要考虑经济利益，多以当地经济是否发达、是否有潜在优质客户资源为选址标准。一般情况下，当地经济发展水平越高，新型农村金融机构设立的数量会越多。二是政府的监管和扶持政策。在我国的经济和金融发展过程中，中央政府和地方政府对金融业的干预都比较多，金融机构和金融市场的发展离不开政府推动和支持，尤其在经济体制改革过程中，中央政府经济政策的区域差异和地方政府经济政策的区域差异是形成区域金融发展差异的重要原因。因此，政府行为是区域金融发展中的重要解释变量。政府和监管当局的制度安排和政策导向，直接影响和决定新型农村金融机构的发展规模和结构。如果中央政府和监管当局的激励和扶持政策力度越大，以及当地政府越积极推动，则当地新型农村金融机构会发展得越快越多。

3.2　农村正规金融机构财务可持续状况分析

3.2.1　资产、负债和所有者权益分析

本节从资产、负债和所有者权益角度对各类农村正规金融机构进行具体分析。

3.2.1.1　资产分析

（1）农村合作金融机构资产分析。图 3-1 显示，2005 年农村商业银行资产总额是 3 028.9 亿元，逐年上升，到 2011 年上升到 42 527 亿元，与 2005 年相比，增长了 13 倍；2005 年农村合作银行资产总额是 2 750.4 亿元，逐年上升，到 2010 年上升到 15 002.0 亿元，然后开始下降，到 2011 年降为 14 025 亿元，与 2005 年相比，增长了 4.1 倍；2005 年农村信用社资产总额是 31 426.7 亿元，逐年上升，到 2011 年上升到 72 047 亿元，与 2005 年相比，增长了 1.3 倍。由以上数据可以发现，农村商业银行资产增长幅度快于农村合作银行和农村信用社。

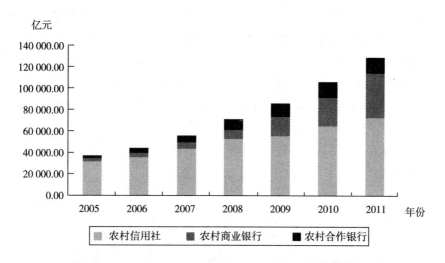

图3-1　2005—2011年农村合作金融机构的资产规模

（2）农村商业性金融机构资产分析①。图3-2显示，2011年末，中国农业银行县域总资产达到43 945.20亿元，与2007年相比，增长了1.3倍。中国农业银行县域资产增长率呈下降趋势，2008年增长速度是42.07%，逐年下降，到2011年降为14.33%，但平均增长率是两位数增长。

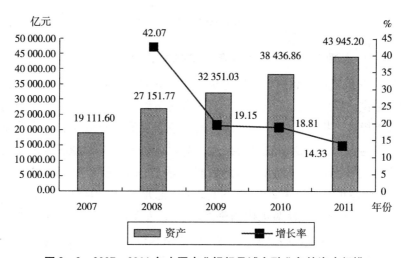

图3-2　2007—2011年中国农业银行县域金融业务的资产规模

---

① 中国农业银行的资产、负债和所有者权益是指从事县域金融业务部门的资产、负债和所有者权益。

（3）农村政策性金融机构资产分析。截至 2011 年末，中国农业发展银行共有 30 个省级分行、303 个地（市）分行和 1 657 个县级支行，服务网络遍布除西藏自治区外的中国大陆地区。总行营业部 1 个，省、自治区、直辖市分行营业部 30 个，地（市）分行营业部 149 个。图 3－3 显示，2011 年末，中国农业发展银行总资产达到 19 534.67 亿元，与 2007 年相比，增长了 83.20%。中国农业发展银行 2007—2011 年五年平均资产增长率为 16.19%。2011 年中国农业发展银行的资产增长率是 11.57%，低于五年平均资产增长率，但高于 2010 年资产增长率 5.67%。

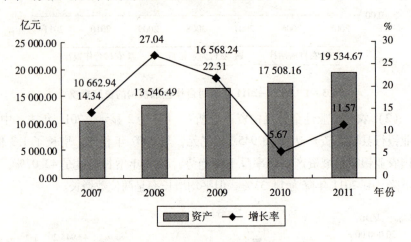

图 3－3　2007—2011 年中国农业发展银行资产规模

（4）新型农村金融机构资产分析。新型农村金融机构的出现，开拓了农村金融供给新渠道，填补了部分地区农村金融服务空白，创造了农村金融运营新模式，提高了农村金融市场的竞争程度和运行效率，进一步增加和拓宽引导各类资金流向农村的渠道，对促进提升农村金融服务水平发挥了积极作用。图 3－4 显示，新型农村金融机构的资产规模从 2007 年的 7.6 亿元，逐年增长，到 2011 年达到 2 474 亿元，与 2007 年相比，增长了 324.53 倍。新型农村金融机构的资产增长率从 2008 年的 1 268.42%，逐年下降，2011 年降到 121.88%。这说明新型农村金融机构资产增长速度放慢，但仍旧保持了较高的增长速度。

图 3－5 显示，村镇银行的资产规模从 2007 年的 7.3 亿元，逐年快速增长，到 2011 年达到 2 458.4 亿元，与 2007 年相比，增长了 335.8 倍。村镇银行的资产增长率从 2008 年的 1 293.15%，逐年下降，2011 年降到

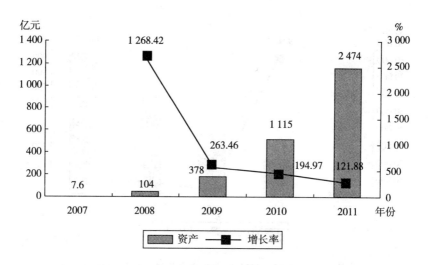

图 3 - 4 2007—2011 年新型农村金融机构的资产规模

122.54%。这说明村镇银行的资产增长速度放慢。

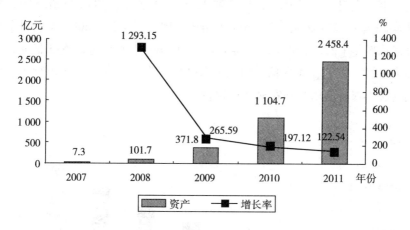

图 3 - 5 2007—2011 年村镇银行的资产规模

图 3 - 6 显示，农村资金互助社的资产规模从 2007 年的 2 090 万元，逐年增长，到 2011 年达到 84 000 万元，与 2007 年相比，增长了 39.19 倍。2008 年农村资金互助社的资产增长率为 904.78%，2011 年降到 71.43%。这说明农村资金互助社的资产增长速度放慢。

3.2.1.2 负债分析

（1）农村合作金融机构负债分析。图 3 - 7 显示，2005 年农村商业银行负债总额是 2 873.3 亿元，逐年上升，到 2011 年上升到 39 208 亿元，与

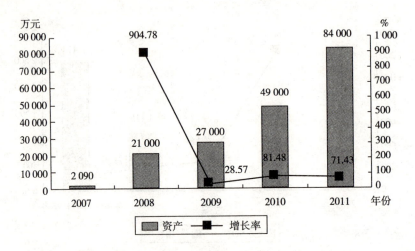

图 3 - 6　2007—2011 年农村资金互助社的资产规模

2005 年相比，增长了 12.6 倍；2005 年农村合作银行负债总额是 2 573.7 亿元，逐年上升，到 2010 年上升到 13 887.0 亿元，然后开始下降，到 2011 年降为 12 959 亿元，与 2005 年相比，增长了 4 倍；2005 年农村信用社负债总额是 1 320.4 亿元，逐年上升，到 2011 年上升到 68 575 亿元，与 2005 年相比，增长了 1.3 倍。由以上数据可以发现，农村商业银行负债增长幅度快于农村信用社和农村合作银行。

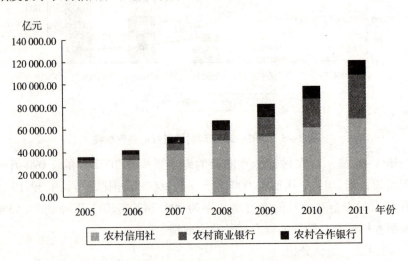

图 3 - 7　2005—2011 年农村合作金融机构负债规模

（2）农村商业性金融机构负债分析。图3-8显示，2011年末，中国农业银行县域总负债达到41 574.04亿元，与2007年相比，增长了86.97%。中国农业银行县域负债增长率呈下降趋势，2008年增长速度是21.59%，逐年下降，到2011年降为12.67%，但负债平均增长率是两位数。

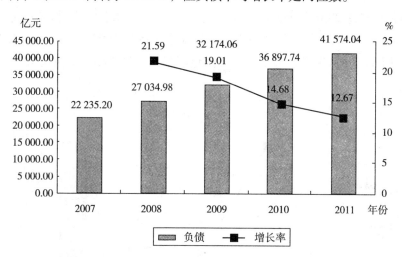

图3-8　2007—2011年中国农业银行县域金融业务的负债规模

（3）农村政策性金融机构负债分析。图3-9显示，2011年末，中国农业发展银行负债达到19 179.54亿元，与2007年相比，增长了83.59%。

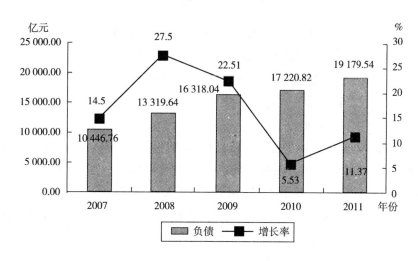

图3-9　2007—2011年中国农业发展银行的负债规模

2007—2011 年中国农业发展银行五年平均负债增长率为 16.28%。2011 年中国农业发展银行的负债增长率是 11.37%，低于五年平均负债增长率，但高于 2010 年负债增长率 5.53%。

（4）新型农村金融机构负债分析。图 3－10 显示，新型农村金融机构的负债规模从 2007 年的 4.6 亿元，逐年增长，到 2011 年达到 2 072 亿元，与 2007 年相比，增长了 449.43 倍。负债增长率从 2008 年的 1 465.22%，逐年下降，2011 年降到 121.84%。这说明新型农村金融机构负债增长速度放慢。

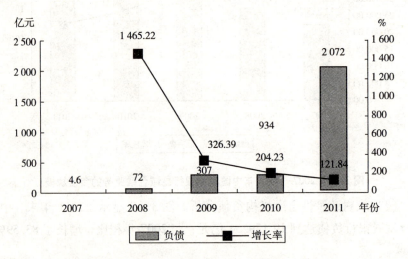

图 3－10　2007—2011 年新型农村金融机构的负债规模

图 3－11 显示，村镇银行负债规模从 2007 年的 4.4 亿元，逐年快速增长，到 2011 年达到 2 060 亿元。增长了 467.2 倍。村镇银行的负债增长率从 2008 年的 1 484.09%，逐年下降，2011 年降到 122.51%，这说明村镇银行的负债增长速度放慢。

图 3－12 显示，农村资金互助社的负债规模从 2007 年的 1 511 万元，逐年增长，到 2011 年达到 68 000 万元，与 2007 年相比，增长了 44 倍。2008 年农村资金互助社的负债增长率为 1 157.45%，2009 年降到 31.58%，然后逐年上升，2011 年达到 70%，这说明农村资金互助社的负债增长速度是上升趋势，保持快速增长幅度。

3.2.1.3　所有者权益分析

（1）农村合作金融机构所有者权益分析。图 3－13 显示，2005 年农村

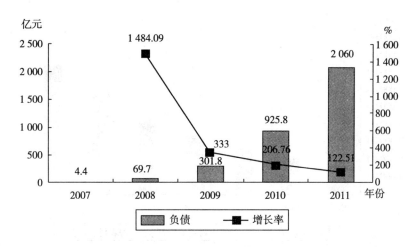

图 3 - 11　2007—2011 年村镇银行的负债规模

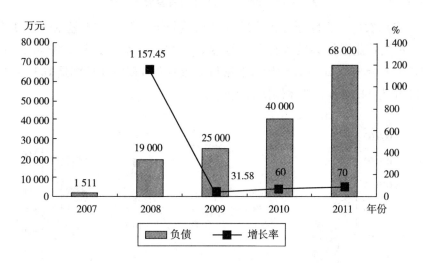

图 3 - 12　2007—2011 年农村资金互助社的负债规模

商业银行所有者权益总额是 155.6 亿元，逐年上升，到 2011 年上升到
3 320 亿元，与 2005 年相比，增长了 20.3 倍；2005 年农村合作银行所有者
权益总额是 176.7 亿元，逐年上升，到 2010 年上升到 1 115.0 亿元，然后
开始下降，到 2011 年降为 1 066 亿元，与 2005 年相比，增长了 5 倍；2005
年农村信用社所有者权益总额是 30 106.4 亿元，逐年上升，到 2011 年上
升到 3 471 亿元，与 2005 年相比，增长了 1.6 倍。由以上数据可以发现，
农村商业银行所有者权益增长幅度快于农村合作银行和农村信用社。

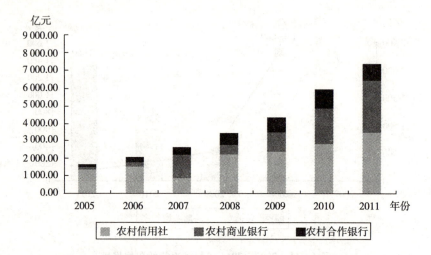

图3-13 2005—2011年所有者权益规模

（2）农村商业性金融机构所有者权益分析。图3-14显示，2011年末，中国农业银行县域所有者权益达到2 371.16亿元，与2007年相比，增长了1.76倍。2008年中国农业银行县域所有者权益增长率是103.74%，2011年为54.06%，总体保持高速增长。

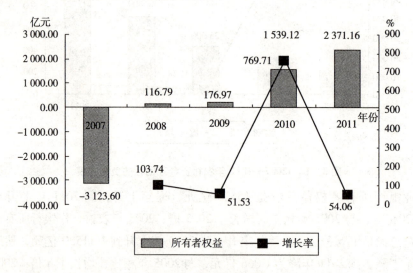

图3-14 2007—2011年中国农业银行县域金融业务的所有者权益规模

（3）农村政策性金融机构所有者权益分析。图3-15显示，2011年末，中国农业发展银行所有者权益达到355.13亿元，与2007年相比，增长了64.28%。2011年中国农业发展银行的所有者权益增长率是23.59%。中国农业发展银行所有者权益增长率是上升趋势,并保持高速增长。

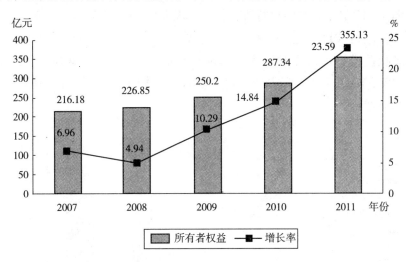

图3-15 2007—2011年中国农业发展银行所有者权益

（4）新型农村金融机构所有者权益分析。图3-16显示,新型农村金融机构的所有者权益规模从2007年的3亿元,到2011年达到402亿元,与2007年相比,增长了133倍。2008年新型农村金融机构所有者权益增长率为1000%,2009年降为115.15%,然后逐年上升,2011年达到

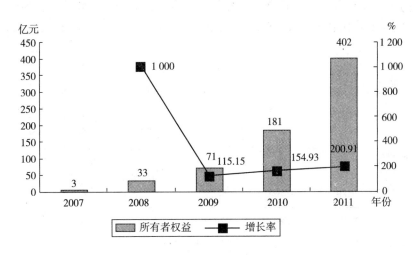

图3-16 2007—2011年新型农村金融机构所有者权益

200.91%，以上数据分析表明，新型农村金融机构所有者权益保持高速增长。

　　图3-17显示，村镇银行所有者权益规模从2007年的2.9亿元，逐年快速增长，到2011年达到398.5亿元，增长了136.4倍。2008年村镇银行所有者权益增长率为1 003.45%，2009年降为118.75%，2010年上升到155.57%，2011年为122.75%。以上数据分析表明，村镇银行所有者权益保持高速增长。

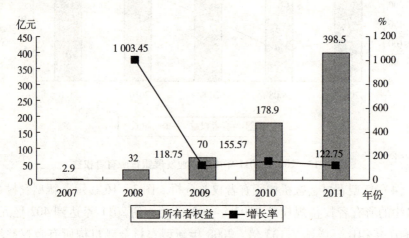

图3-17　2007—2011年村镇银行的所有者权益

　　图3-18显示，农村资金互助社的所有者权益规模从2007年的580万元，到2011年达到15 000万元，与2007年相比，增长了24.86倍。2008

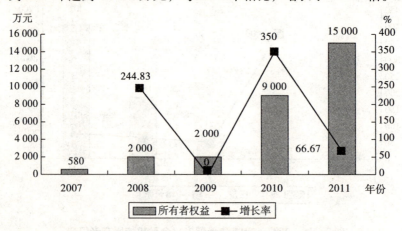

图3-18　2007—2011年农村资金互助社的所有者权益

年农村资金互助社的所有者权益增长率为 244.83%，2009 年没有增长，2010 年增长率为 350%，2011 年降为 66.67%。这说明虽然农村资金互助社的所有者权益增长幅度波动较大，但农村资金互助社所有者权益增长率较高。

3.2.2 财务指标分析

3.2.2.1 安全性分析

（1）农村合作金融机构安全性分析。第一，资本比率。源于农村合作金融机构数据的可得性，我们使用资本比率即资本/资产来近似地衡量三类农村合作金融机构的资本充足率。图 3-19 显示，2005 年农村商业银行的资本比率 5.1%，从 2007 年开始逐年上升，到 2011 年达到 7.8%；2005 年农村合作银行的资本比率 6.4%，到 2011 年上升到 7.6%；2005 年农村信用社的资本比率 4.2%，长期在 4.3% 左右徘徊，到 2011 年才上升到 4.8%。2011 年农村商业银行的资本比率高于农村合作银行和农村信用社。

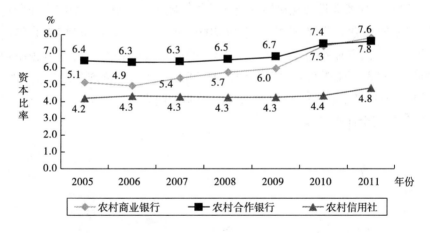

图 3-19 2005—2011 年农村合作金融机构资本比率

第二，不良贷款余额和不良贷款率。图 3-20 显示，农村商业银行信贷资产质量不断提高，信用风险降低，其不良贷款率从 2006 年的 5.9% 下降到 2011 年的 1.6%。2011 年末①，全国农村信用社不良贷款比例为

---

① 数据来源：中国人民银行货币政策分析小组：《中国货币政策执行报告》（2011 年第四季度），中国人民银行网址：http://www.pbc.gov.cn/。

5.5%。农村商业银行的不良贷款率比农村信用社的不良贷款率低了3.90个百分点，这说明农村商业银行的资产质量好于农村信用社。

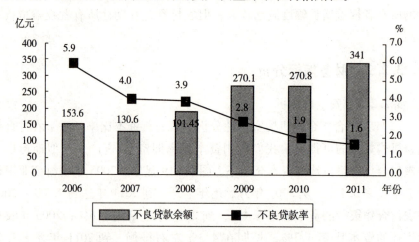

图3－20　2006—2011年农村商业银行的不良贷款余额和不良贷款率

（2）农村商业性金融机构安全性分析。图3－21显示，中国农业银行"三农金融事业部"不良贷款率由2008年的5.51%下降到2011年的1.96%，中国农业银行"三农"信贷资产质量大幅提升。拨备覆盖率由2008年的58.25%提高到2011年的241.78%，贷款总额准备金率由2008年的3.21%提高到2011年的4.75%，说明中国农业银行的"三农金融事业部"的安全性水平提高。

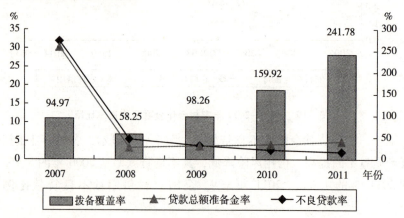

图3－21　中国农业银行县域金融业务的安全性指标

（3）农村政策性金融机构安全性分析。第一，不良贷款率。图3－22显示，中国农业发展银行的不良贷款余额及占比明显下降，不良贷款率由2007年的6.29%降到2011年的1.46%，不良贷款余额由2007年的643.14亿元降到2011年的274.46亿元。第二，资本充足率。国外政策性银行的资本充足率较高，如印度政策性银行的资本充足率为39.05%，泰国政策性银行的资本充足率为20.63%。图3－23显示，截至2010年，中国农业发展银行核心资本充足率为3.04%，资本充足率为6.06%。中国农业发展银行资本充足率明显偏低，没有达到监管当局的资本充足率8%和核心资本充足率4%的要求，因此应该补充其资本金。第三，资本比率。图3－23显示，2007年中国农业发展银行的资本比率为2.03%，到2011年资本比率降为1.82%，说明中国农业发展银行抵御风险能力下降。由以上数据可以算出财务杠杆为55倍，说明目前中国农业发展银行资产负债率偏高，财务风险较大。

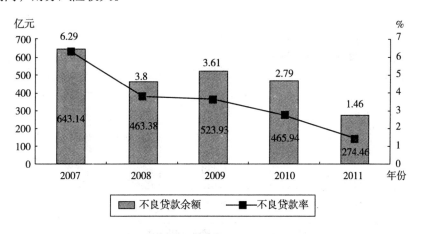

图3－22　2007—2011年中国农业发展银行的不良贷款余额和不良贷款率

（4）新型农村金融机构安全性分析。图3－24显示，新型农村金融机构的不良贷款率保持在较低水平。不良贷款率由2007年的0.01%，逐年提高，到2009年提高到0.22%，2010年有所下降，降到0.12%，2011年又回升到0.2%。新型农村金融机构的资本充足。加权资本充足率从2007年的72.3%，逐年降低，到2011年降到28.2%，2011年略有回升，回升到29.5%。

图3－25显示，村镇银行从2007年到2011年不良贷款率维持在较低

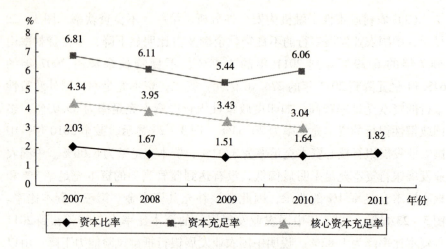

图 3 - 23   2007—2011 年中国农业发展银行
资本比率、资本充足率和核心资本充足率

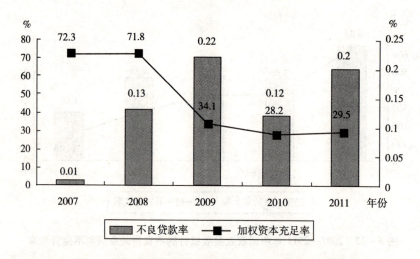

图 3 - 24   2007—2011 年新型农村金融机构的不良贷款率和加权资本充足率

水平。截至 2011 年末，已开业村镇银行不良贷款余额 1.9 亿元，不良贷款率 0.15 %，资本充足率 29.6%，拨备覆盖率达 1 158%，拨贷比 1.7%。村镇银行资本充足率从 2007 年的 77.0%，逐年下降，到 2010 年下降到 28.1%，2011 年有所回升，达到 29.6%。总体而言，资本较充足。

图 3 - 26 显示，从 2007 年至 2011 年，农村资金互助社的不良贷款率保持在较低水平。农村资金互助社的资本充足率从 2007 年的 31.2%，逐

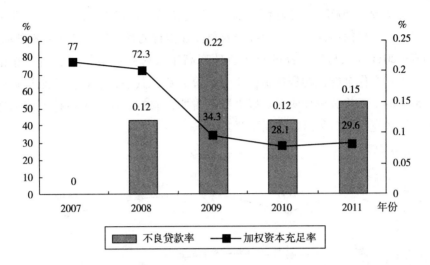

图 3 – 25 2007—2011 年村镇银行的不良贷款率和加权资本充足率

年下降，到 2009 年下降到 20.8%，但 2010 年开始回升，达到 32.0%，2011 年又稍微下降，达到 29.8%。总体而言，农村资金互助社资本较充足。

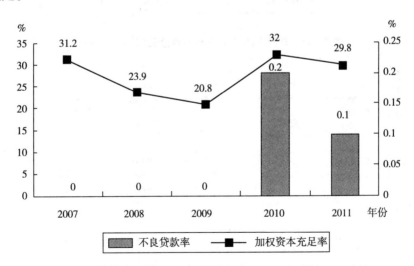

图 3 – 26 2007—2011 年农村资金互助社的不良贷款率和加权资本充足率

3.2.2.2 流动性分析

（1）农村合作金融机构流动性分析。图 3 – 27 显示，农村信用社的存贷比由 2007 年的 68.59% 下降到 2011 年的 65.92%。农村信用社的存贷比有下降趋势。2007 年农村商业银行存贷比为 61.77%，2011 年上升到 64.2%。农村信用社的存贷比高于农村商业银行的存贷比。图 3-28 显示，2007—2011 年农村信用社的资产负债率高于农村商业银行和农村合作银行。农村合作金融机构资产负债率有下降趋势，其中，农村商业银行资产负债率的下降趋势更加明显。以上数据说明，农村合作金融机构的流动性水平比较宽松，财务风险有所下降。

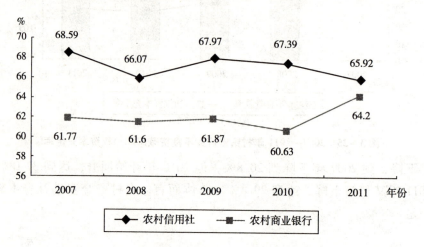

图 3-27　2007—2011 年农村合作金融机构的存贷比

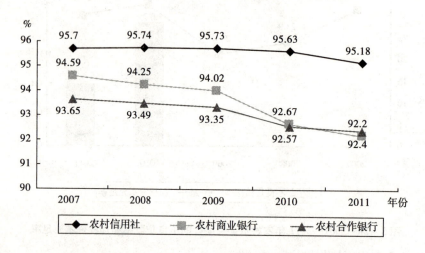

图 3-28　2007—2011 年农村合作金融机构的资产负债率

（2）农村商业性金融机构流动性分析。图 3-29 显示，从 2008 年至

2011 年中国农业银行"三农金融事业部"的存贷比有上升趋势，但存贷比偏低，说明其服务"三农"的信贷力度不足，资产负债率是下降趋势。资产负债率由 2007 年的 116.34%，逐年下降，2011 年降到 94.6%。以上数据说明，中国农业银行"三农金融事业部"的流动性比较宽松，财务风险较低。

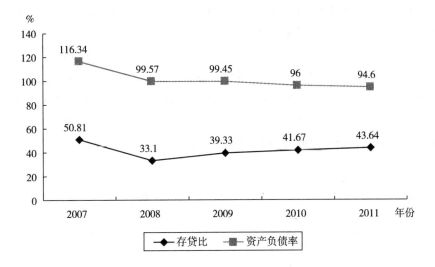

图 3 - 29　2007—2011 年中国农业银行"三农"金融业务的存贷比和资产负债率

（3）农村政策性金融机构流动性分析。图 3 - 30 显示，中国农业发展银行资产负债率基本维持在 98% 左右。存贷比有上升趋势。因为中国农业

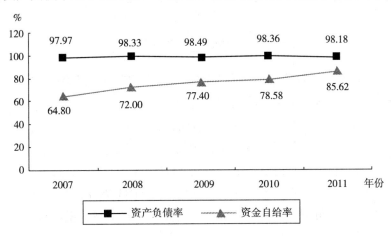

图 3 - 30　2007—2011 年中国农业发展银行流动性指标

发展银行的资金来源不是以吸收存款为主，目前吸收存款占其负债的比重在20%左右，发行金融债券占负债比重在60%左右，所以使用存贷比指标分析流动性的意义不大。分析中国农业发展银行流动性比较好的指标是资金自给率。2011年中国农业发展银行的资金自给率是85.62%，资金自给率的发展趋势是上升的，说明中国农业发展银行的流动性水平是提高的。

（4）新型农村金融机构流动性分析。图3－31显示，新型农村金融机构存贷比从2007年的53%，逐年提高，到2010年达到80%，2011年略有降低，下降到77%。存贷比偏高，反映其流动性不足，导致其存贷比偏高的直接原因是贷款增长快于存款增长，吸收存款难。资产负债率从2007年的60.53%，逐年提高，到2010年达到83.77%，2011年略有降低，下降到83.75%。从资产负债率来看，该指标虽有上升趋势，但该指标并不高，说明新型农村金融机构的财务风险较小。

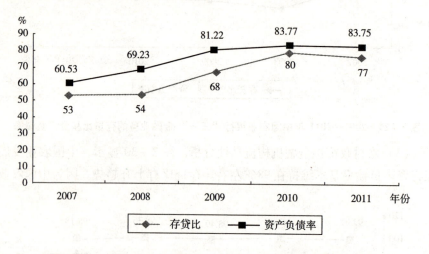

图3－31　2007—2011年新型农村金融机构存贷比和资产负债率

图3－32显示，村镇银行的存贷比从2007年的48.8%，逐年上升，到2010年上升到79.5%，2011年有所回落，达到76.7%。村镇银行的存贷比偏高，原因是贷款增长快于存款增长，吸收存款困难，无法满足贷款增长的需求。村镇银行的资产负债率从2007年的60.27%，逐年上升，到2010年上升到83.81%，2011年有所回落，达到83.79%。以上数据反映，村镇银行的资产负债率虽有上升趋势，但该指标并不高，说明村镇银行的财务风险还较小。

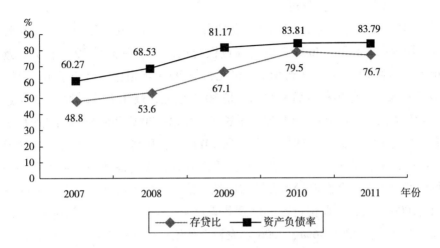

图 3 - 32　2007—2011 年村镇银行的存贷比和资产负债率

图 3 - 33 显示，2007 年农村资金互助社的存贷比为 67%，2008 年下降到 19%，然后逐年上升，到 2011 年上升到 67%，总体而言，存贷比有上升趋势。资产负债率从 2007 年的 72.30%，逐年上升，到 2009 年上升到 92.59%，2010 年开始下降，到 2011 年下降到 80.95%。以上数据说明，农村资金互助社的流动性水平较宽松，财务风险不高。

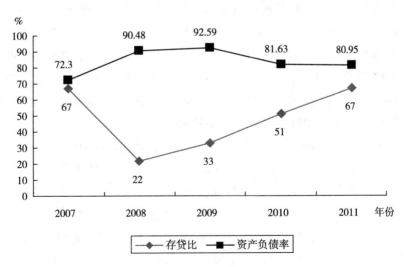

图 3 - 33　2007—2011 年农村资金互助社的存贷比和资产负债率

3.2.2.3 盈利性分析

（1）农村合作性金融机构盈利性分析。第一，税后利润规模增长幅度。图3-34显示，2005年农村商业银行税后利润总额是29.4亿元，逐年上升，到2011年上升到512.2亿元，与2005年相比，增长了16.4倍；2005年农村合作银行税后利润总额是30.1亿元，逐年上升，到2011年达到181.9亿元，与2005年相比，增长了5.0倍；2005年农村信用社税后利润总额是120.3亿元，逐年上升，到2011年上升到531.2亿元，与2005年相比，增长了3.4倍。由以上数据可以发现，农村商业银行税后利润增长幅度快于农村合作银行和农村信用社。第二，资产收益率。图3-35显示，2006年农村商业银行资产收益率是1.00%，从2007年开始持续上升，到2011年上升到1.46%；2006年农村合作银行资产收益率1.50%，2007年大幅下降，随后下降趋势得到抑制，但是整体发展趋势呈现震荡趋势，到2011年下降到1.25%；2006年农村信用社资产收益率是0.60%，持续下降，到2010年降到0.40%，2011年才扭转了下降趋势，上升到0.78%。2011年农村商业银行资产收益率是1.46%，高于农村合作银行的1.25%和农村信用社的0.78%。通过比较，可以发现，农村商业银行的盈利能力好于农村合作银行和农村信用社。第三，权益报酬率。图3-36显示，2006年农村商业银行权益报酬率是20.20%，2007年下降到14.80%，然后，从2007年开始上升，到2011年上升到19.16%，总体水平比较稳定；2006年农村合作银行权益报酬率22.80%，2007年大幅下降到15.50%，随后下降趋势得到遏制，但发展趋势趋于下降，到2011年下降到16.68%；2006年农村信用社权益报酬率是13.20%，持续下降，到2010年下降到9.10%，2011年才扭转了下降趋势，上升到16.96%。2011年农村商业银行权益报酬率是19.16%，高于农村合作银行的16.68%和农村信用社的16.96%。通过比较，可以发现，农村商业银行的盈利能力好于农村合作银行和农村信用社。根据杜邦公式，权益报酬率=资产收益率×权益乘数，已知权益报酬率和资产收益率，可以算出，2011年农村信用社的权益乘数是21.7，农村商业银行权益乘数是13.1，农村合作银行权益乘数是13.3。农村信用社实现16.96%的权益报酬率主要是靠大幅提高权益乘数实现。农村信用社过大的权益乘数可能会给农村信用社带来过大的财务风险，未来不良资产比例可能会上升。

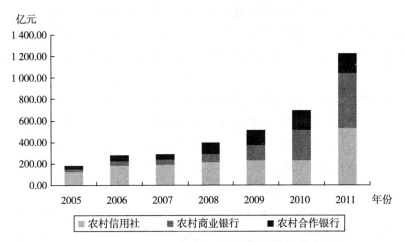

图 3 – 34 2005—2011 年农村合作金融机构的税后利润

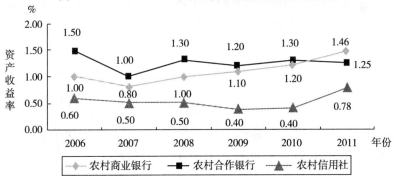

图 3 – 35 2006—2011 年农村合作金融机构资产收益率

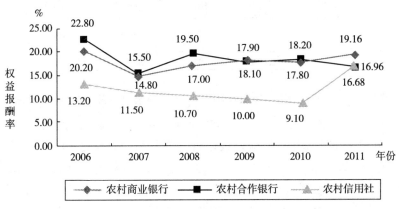

图 3 – 36 2006—2011 年农村合作金融机构权益报酬率

通过以上分析，从盈利能力角度来看，农村商业银行的资产收益率和权益报酬率都高于农村合作银行和农村信用社，从而可以得出结论，为了实现财务可持续，农村合作金融机构改革的最优选择应该是农村商业银行。

（2）农村商业性金融机构盈利性分析。第一，税前利润增长情况。图3-37显示，2007年中国农业银行县域金融业务的税前利润总额是94.34亿元，逐年上升，到2011年上升到557亿元，与2007年相比，增长了4.91倍。2008年中国农业银行县域金融业务的税前利润增长率为42.51%，逐年上升，2010年达到64.85%，2011年有所下降，为61.38%。税前利润增长率有上升趋势，并且税前利润保持较高增长率。第二，盈利情况。图3-38显示，从平均资本回报率和成本收入比来看，成本收入比不断下降，平均资本回报率不断上升，说明中国农业银行县域金融业务的盈利能力不断提高。

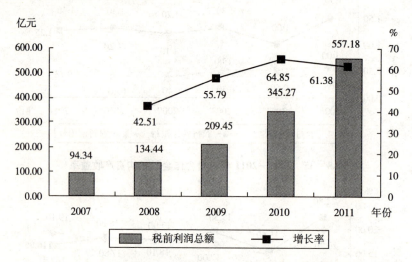

图3-37 2007—2011年中国农业银行"三农"金融业务的税前利润总额

（3）农村政策性金融机构盈利性分析。第一，税前利润增长情况。图3-39显示，2007年中国农业发展银行的税后利润总额是14.71亿元，逐年上升，到2011年上升到67.79亿元，与2007年相比，增长了3.61倍。2008年中国农业发展银行的税后利润增长率为16.52%，逐年上升，2011年达到87.16%。税后利润增长率有上升趋势，并且税后利润保持较高增长率。第二，盈利性表现。图3-40显示，从2007年至2011年中国农业

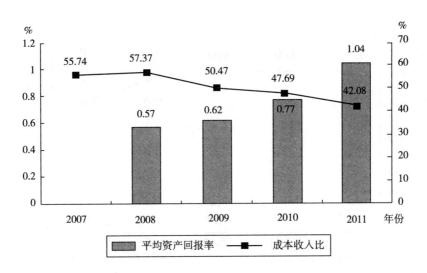

图3-38 2007—2011年中国农业银行"三农"金融业务的盈利性指标

发展银行资产收益率不断提高，2011年为0.366%。同商业银行（截至2011年末资产收益率1.28%）比较，水平偏低。从2007年至2011年中国农业发展银行权益报酬率不断提高，2011年为21.1%。同商业银行（截至2011年末资本回报率20.4%）比较，水平相当。2007年中国农业发展银行成本收入比为57.05%，逐年下降，2011年降为44.70%。说明中国农业发展银行的盈利能力得到提高。

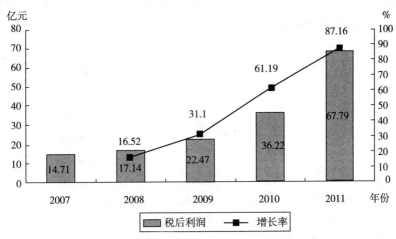

图3-39 2007—2011年中国农业发展银行的税后利润

（4）新型农村金融机构盈利性分析。第一，净利润情况。图3-41显

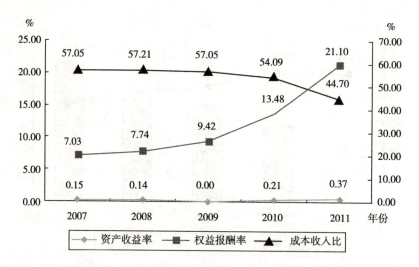

图 3-40 2007—2011 年中国农业发展银行的盈利性指标

示，新型农村金融机构在 2007 年和 2008 年整体没有实现盈利，从 2009 年开始实现盈利，税后利润从 2009 年的 1.17 亿元，逐年增加，2011 年实现了 26.8 亿元，与 2009 年相比，增长了 21.91 倍。第二，盈利性指标。新型农村金融机构的权益报酬率从 2009 年的 2.25%，逐年提高，到 2011 年达到 9.19%；资产收益率从 2009 年的 0.49%，逐年提高，到 2011 年达到 1.49%。据中国银监会统计，2011 年银行业金融机构资本利润率 19.2%，资产利润率 1.2%。其中，商业银行的资本利润率 20.4%，资产利润率 1.28%。与银行业金融机构相比，新型农村金融机构的资本利润率（即权

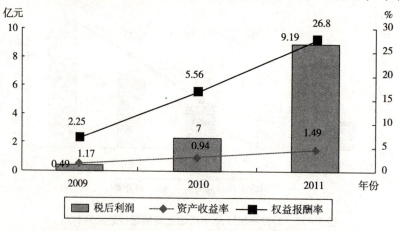

图 3-41 2009—2011 年新型农村金融机构的盈利性指标

益报酬率）偏低，而资产收益率较高。

（5）村镇银行盈利性分析。图 3 - 42 显示，由于开业初期开办费用较高等因素，2007 年与 2008 年全国村镇银行尚未实现盈利。从 2009 年开始实现盈利，2009 年实现净利润 1. 16 亿元，逐年快速增长，到 2011 年达到 26. 5 亿元。增长了 21. 8 倍；村镇银行的资产收益率从 2009 年的 0. 49%，逐年上升，到 2011 年达到 1. 49%；村镇银行的权益报酬率从 2009 年的 2. 27%，逐年上升，到 2011 年达到 9. 18%。

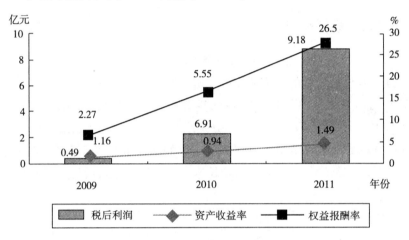

图 3 - 42　2009—2011 年村镇银行的盈利性指标

（6）农村资金互助社盈利性分析。图 3 - 43 显示，由于开业初期开办

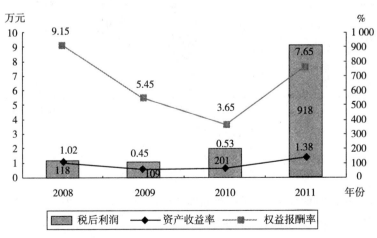

图 3 - 43　2008—2011 年农村资金互助社的盈利性指标

费用较高等因素，2007 年全国农村资金互助社尚未实现盈利。从 2008 年开始实现盈利，2008 年实现净利润 118 万元，到 2011 年达到 918 万元，与 2008 年相比，增长了 6.78 倍；2008 年资产收益率为 1.02%，2009 年下降到 0.45%，2010 年开始回升，到 2011 年达到 1.38%；2008 年权益报酬率为 9.15%，逐年下降，2010 年达到最低 3.65%，2011 年回升到 7.65%。

3.3 农村正规金融机构服务"三农"信贷状况分析

3.3.1 规模分析

3.3.1.1 农村合作金融机构信贷规模分析

（1）农村信用社的存贷款规模分析。图 3 - 44 和图 3 - 45 显示，2011 年末，全国农村信用社各项存、贷款余额分别为 55 698.92 亿元、36 715.91亿元，与 2007 年相比，分别增长 58.38%、52.21%。农村信用社的存贷款增长速度由 2008 年和 2009 年的两位数增长下降到 2010 年和 2011 年的一位数增长，并且贷款增长速度下降快于存款增长速度。

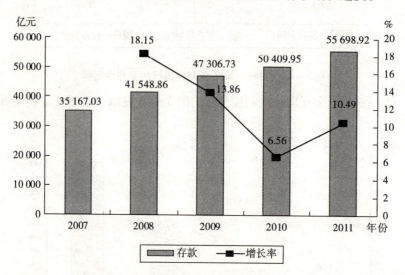

图 3 - 44　2007—2011 年农村信用社的存款余额

（2）农村商业银行的存贷款规模分析。图 3 - 46 和图 3 - 47 显示，2011 年末，全国农村商业银行的各项存、贷款余额分别为 32 941.65 亿元、21 149.55 亿元，与 2007 年相比，分别增长了 5.22 倍、5.46 倍。2008—

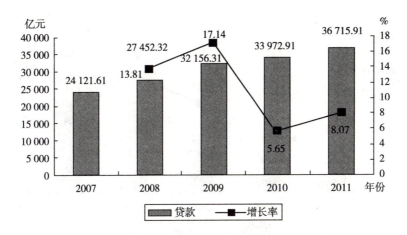

图 3 – 45　2007—2011 年农村信用社的贷款余额

2010 年农村商业银行的存贷款增长速度是上升趋势，2011 年存贷款增长速度有所下降。贷款增长速度快于存款增长速度。

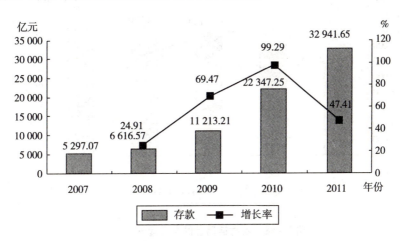

图 3 – 46　2007—2011 年农村商业银行的存款余额

（3）图 3 – 48 至图 3 – 49 显示，农村商业银行存贷款增长幅度远远快于农村信用社。以上数据可以看出农村信用社改制为农村商业银行后服务"三农"的信贷规模不是下降了，而是提高了，这也说明商业化与政策性并不是完全对立的。农村信用社改制为农村商业银行使产权结构变得清晰，内部治理结构得到改善，经营管理水平不断提高。同时，农村商业银行的服务"三农"的信贷能力也大大提高了。

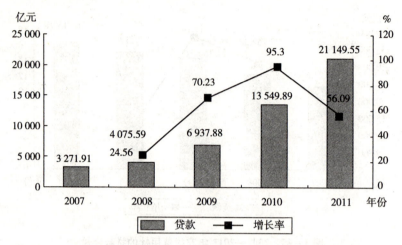

图 3 – 47　2007—2011 年农村商业银行的贷款余额

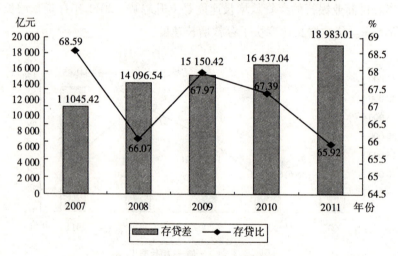

图 3 –48　农村信用社的存贷差和存贷比

　　（4）农村信用社和农村商业银行的存贷比和存贷差。图 3 – 49 显示，2007—2011 年农村信用社的存贷比是下降趋势，存贷差也是越来越大，说明农村信用社服务"三农"信贷规模有下降趋势，农村信用社对农村的系统性负投资①增加。图 3 – 49 显示，2007—2011 年农村商业银行存贷比基

---

　　① 系统性负投资是指银行或其他金融机构从一个地区的居民中获得储蓄，而没有以相应比例向该地区发放贷款。对这种系统性负投资的一个检测方法是审查银行对某个社区的信贷与储蓄的比率（Boatright，1999）。

本保持在60%～62%，2011年有上升趋势，说明农村信用社改制为商业银行后服务"三农"的贷款规模并没有下降，但存贷差较大，说明农村商业银行对农村的系统性负投资不断增加。

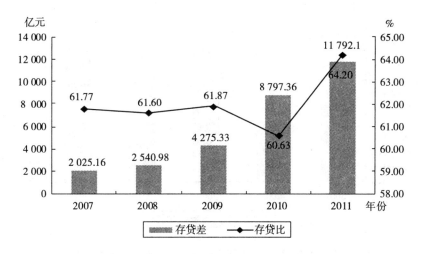

图3-49 农村商业银行的存贷差和存贷比

3.3.1.2 农村商业性金融机构信贷规模分析

（1）存贷款规模分析。图3-50和图3-51显示，2011年中国农业银行县域金融业务部门发放贷款及垫款17 515.35亿元，吸收存款余额40 140.15亿元。存款增长率有下降的趋势。存款增长率由2008年的

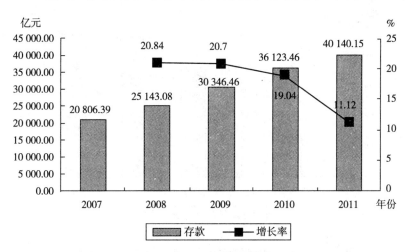

图3-50 2007—2011年中国农业银行县域金融业务存款余额

20.84%，逐年下降，2011 年降到 11.12%。2008 年贷款增长率为
-21.27%,2009 年上升到 43.39%，2010 年降到 26.13%，2011 年进一步
降到16.36%。

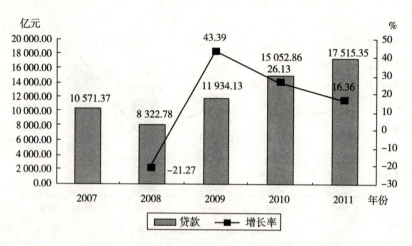

图 3 - 51　2007—2011 年中国农业银行县域金融业务贷款余额

（2）中国农业银行县域金融业务的存贷比和存贷差。图 3 - 52 显示，
2011 年的中国农业银行县域金融业务的存贷比是 43.64%。2008 年至 2011
年中国农业银行县域金融业务的存贷比是上升趋势，但存贷比平均水平偏
低。2011 年存贷差为 22 624.80 亿元，存贷差规模在不断扩大，但增长率

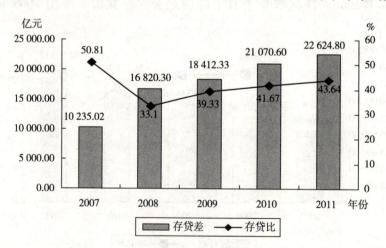

图 3 - 52　中国农业银行县域金融业务的存贷差和存贷比

有所放缓，以上数据说明中国农业银行县域金融业务服务"三农"信贷状况有所改善，但对"三农"的信贷支持仍不足。

3.3.1.3 农村政策性金融机构资金来源和运用分析

中国农业发展银行是农业政策性银行，其资金来源主要是发行债券融资，存款所占比重较小。因此对中国农业发展银行服务"三农"信贷状况的分析，改为分析资金来源和运用状况的分析。

（1）资金来源分析。中国农业发展银行的资金来源渠道日益多元化，市场化发债融资比重不断上升，对中国人民银行再贷款的依赖性不断降低，从而中国农业发展银行对中国人民银行基础货币的影响不断降低。第一，发行金融债券。表3-9显示，中国农业发展银行从2004年的408亿元发债规模到2011年的4 472.7亿元，增长了11倍。第二，吸收存款。中国农业发展银行的存款包括企业单位存款、财政存款和特种存款以及同业定期存款。表3-9显示，截至2011年末吸收存款总计3 882.1亿元，其中企业单位存款占74%，财政存款和特种存款占21%，同业定期存款占5%。第三，向中国人民银行借款。表3-9显示，中国农业发展银行再贷款规模从2004年的6 099亿元逐年下降，到2011年降到2 720亿元。

表3-9　　　　2004—2011年中国农业发展银行的融资渠道　　　　单位：亿元

融资渠道		2004	2005	2006	2007	2008	2009	2010	2011
金融债券	发债数量	408.0	2 001.0	2 000.0	2 501.2	2 815.6	3 013.8	2 800.0	4 472.7
	余额	408.00	1 766.52	3 161.05	4 663.31	6 497.01	8 109.25	9 270.30	12 011.2
再贷款	余额	6 099.00	5 230.00	3 870.00	3 658.50	3 658.50	3 652.00	3 652.00	2 720.00
吸收存款	企业单位存款	292.2	464.0	700.0	1 124.94	1 293.0	2 097.33	2 659.0	2 854.5
	财政存款和特种存款	463.6	486.0	502.0	508.48	540.0	642.17	730.5	817.5
	同业定期存款	—	311.5	163.0	391.1	1 195.0	1 680.38	593.4	210.09
	合计	755.8	1 261.5	1 916.6	2 024.52	3 028.93	4 419.88	3 982.9	3 882.1

注：数据根据中国农业发展银行2004—2011年年度报告整理和计算得到。中国农业发展银行网址：http://www.adbc.com.cn/。

（2）资金来源的变动趋势。表3-10显示，中国农业发展银行发行金融债券余额占比由2004年的6%增长到2011年的64%，再贷款余额占比由2004年的84%降低到2011年的14%，存款余额占比由2004年的10%

提高到 2011 年的 22%。中国农业发展银行的资金自给率由 2004 年的 16%
提高到 2011 年的 85.62%。

表 3 – 10   2004—2011 年中国农业发展银行的负债结构   单位:%

年份	2004	2005	2006	2007	2008	2009	2010	2011
金融债券余额占比	6	21	37	45	49	50	55	64
再贷款余额占比	84	63	46	35	28	23	22	14
存款余额占比	10	16	17	20	23	27	23	22
资金自给率	16.00	37.00	57.00	64.8	72.00	77.40	78.58	85.62

注: 数据根据中国农业发展银行 2004—2011 年年度报告整理和计算得到。中国农业发展银行
网址: http://www.adbc.com.cn/。

（3）贷款规模分析。图 3 – 53 显示，2011 年中国农业发展银行发放贷
款 18 755.50 亿元。2007 年贷款增长率为 15.61%，2008 年贷款增长率上
升为 19.25%，以后逐年下降，2011 年降到 12.24%。

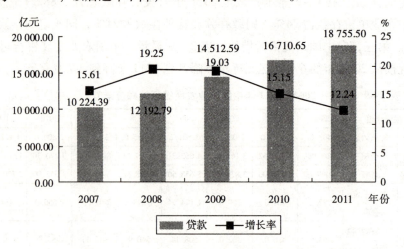

图 3 – 53   2007—2011 年中国农业发展银行的贷款余额及增长率

3.3.1.4   新型农村金融机构信贷规模分析

（1）新型农村金融机构存贷款规模分析。图 3 – 54 和图 3 – 55 显示，
新型农村金融机构的存款规模从 2007 年的 4.3 亿元，逐年增长，到 2011
年达到 1 707 亿元，与 2007 年相比，增长了 396 倍；贷款规模从 2007 年的
2.3 亿元，逐年增长，到 2011 年达到 1 316 亿元，与 2007 年相比，增长了
571 倍；从 2008 年至 2011 年新型农村金融机构的存款和贷款增长率都呈
下降趋势。

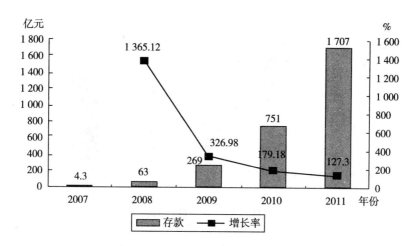

图 3 - 54　2007—2011 年新型农村金融机构的存款余额

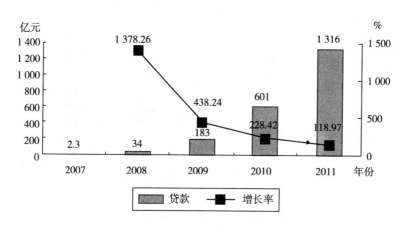

图 3 - 55　2007—2011 年新型农村金融机构的贷款余额

（2）村镇银行存贷款规模分析。图 3 - 56 和图 3 - 57 显示，村镇银行的存款规模从 2007 年的 4.2 亿元，逐年增长，到 2011 年达到 1 700.5 亿元，与 2007 年相比，增长了 403.88 倍。贷款规模从 2007 年的 2.0 亿元，逐年增长，到 2011 年达到 1 305.1 亿元，与 2007 年相比，增长了 651.55 倍，说明贷款增长速度快于存款增长速度。从 2008 年至 2011 年村镇银行的存款和贷款增长率都是下降趋势。

（3）农村资金互助社的存贷款规模分析。图 3 - 58 和图 3 - 59 显示，农村资金互助社的存款规模从 2007 年的 1 475 万元，逐年增长，到 2011

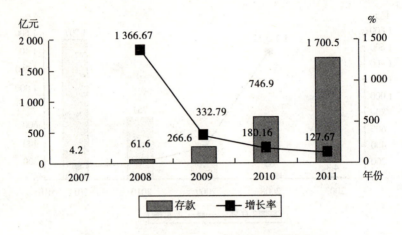

图 3 – 56　2007—2011 年村镇银行的存款余额

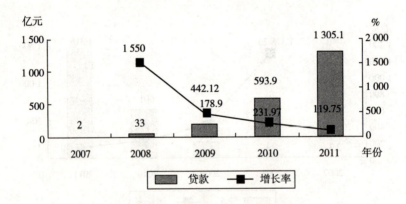

图 3 – 57　2007—2011 年村镇银行的贷款余额

年达到 6.6 亿元，与 2007 年相比，增长了 43.75 倍；贷款规模从 2007 年的 986 万元，逐年增长，到 2011 年达到 4.4 亿元，与 2007 年相比，增长了 43.62 倍，存款和贷款的增长率相当；2008 年存款增长率为 1 120.34%，2009 年下降到 33.33%，从 2009 年至 2011 年农村资金互助社的存款增长率呈上升趋势，并保持在较高水平；2008 年贷款增长率是 305.68%，2009 年降为 100%，2010 年上升为 150%，2011 年又降为 120%。总体来看，农村资金互助社的贷款增长率保持在较高水平。

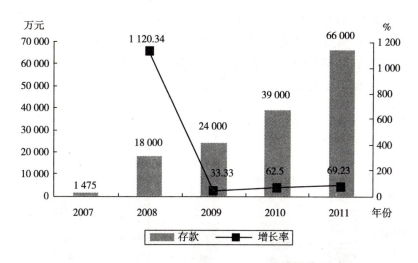

图 3 - 58　2007—2011 年农村资金互助社的存款余额

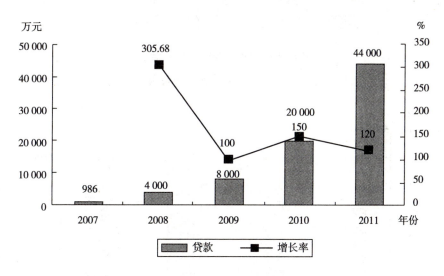

图 3 - 59　2007—2011 年农村资金互助社的贷款余额

3.3.2　结构分析

从机构分布看，2011 年末农村合作金融机构（包括农村信用社、农村合作银行和农村商业银行）、中国农业发展银行、中国农业银行三类主要涉农金融机构涉农贷款余额合计为 8.18 万亿元，全年增加 1.24 万亿元，分别占全部金融机构涉农贷款余额和增量的 56% 和 45.4% 。

3.3.2.1　农村合作金融机构信贷结构分析

（1）农户储蓄存款规模。图 3 - 60 显示，截至 2011 年末，农户储蓄存款余额①为 70 672.85 亿元，当年增加额 11 592.50 亿元。从 2007 年至 2011 年农户储蓄和人均储蓄保持着稳定增长。

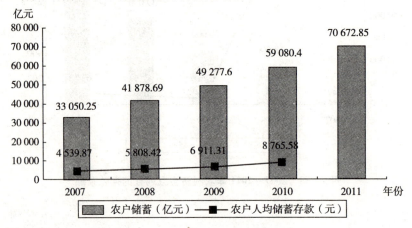

图 3 - 60　2007—2011 年农户储蓄

（2）农村信用社的涉农贷款和农户贷款规模及增长率分析。图 3 - 61

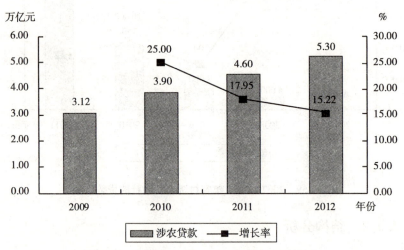

图 3 - 61　2009—2012 年农村信用社涉农贷款

---

①　农户储蓄为农村信用社、农村合作银行和农村商业银行吸收的储蓄存款。

和图 3 - 62 显示，2012 年末全国农村信用社①的涉农贷款、农户贷款余额分别为 5.3 万亿元、2.6 万亿元，比上年末分别增长 15.22%、12.55%。2010—2012 年农村信用社的涉农贷款和农户贷款的增长率呈下降趋势。

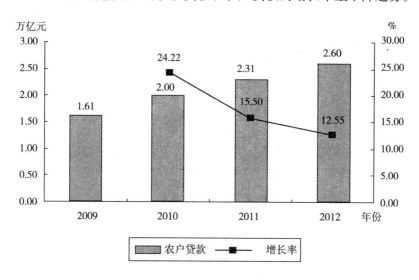

图 3 - 62　2009—2012 年农村信用社农户贷款

（3）农村合作金融机构对农户的存贷比分析。2011 年农户贷款余额占农户储蓄存款余额的 32.67%，2011 年农户存贷比指标偏低，说明农村合作金融机构对农户贷款支持不足。

（4）农村信用社②涉农贷款和农户贷款占比分析。图 3 - 63 显示，农村信用社涉农贷款占金融机构本外币涉农贷款的比重下降，由 2009 年的 34.29% 下降到 2011 年的 31.51%，农村信用社的农户贷款占金融机构本外币农户贷款的比重也下降，由 2009 年的 80.51% 下降到 2011 年的 74.52%。以上数据说明农村信用社服务"三农"的信贷相对规模有所下降。

3.3.2.2　农村商业性金融机构贷款结构分析

（1）涉农贷款投放比例下降。表 3 - 11 显示，近几年中国农业银行的

---

①　此处农村信用社是广义概念，是指农村合作金融机构，包括农村信用社、农村合作银行和农村商业银行。

②　此处农村信用社是广义概念，指农村合作金融机构，包括农村合作银行、农村商业银行和农村信用社。

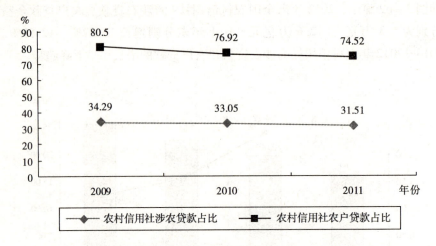

图 3 – 63　2009—2011 年涉农贷款和农户贷款占比

涉农贷款余额占全部贷款的比例一直保持在 30% 左右，没有明显增长，但是中国农业银行涉农贷款余额占银行业金融机构涉农贷款余额的比例逐年下降，2007 年为 19.76%，到 2011 年降到 11.47%。这说明中国农业银行在农村和农业经济中支柱和骨干作用有所下降。

表 3 – 11　　　　2007—2011 年中国农业银行的涉农贷款余额

年份	2007	2008	2009	2010	2011
涉农贷款余额（万亿元）	1.21	0.93	1.21	1.47	1.68
涉农贷款占全部贷款的比例（%）	44.64	30.95	30.05	30.78	31.03
银行业金融机构涉农贷款余额（万亿元）	6.12	6.90	9.14	11.77	14.60
农行涉农贷款占银行业金融机构涉农贷款的比例（%）	19.76	13.52	13.19	12.49	11.47

注：数据根据中国农业银行 2011 年度企业社会责任报告、中国农业银行年报（2007—2011 年）和中国银行业监督管理委员会年报（2007—2011 年）进行整理和计算得到。中国农业银行网址：http://www.abchina.com/cn/；中国银行业监督管理委员会网址：http://www.cbrc.gov.cn/index.html。

（2）对农户的信贷服务不足。中国农业银行县域金融业务包括公司金融业务和个人金融业务。表 3 – 12 显示，截至 2011 年末，县域公司类贷款余额 11 899.92 亿元，比上年末增加 1 520.36 亿元，增长 14.6%。县域公司类存款余额 12 800.54 亿元，较上年末增加 1 100.26 亿元，增长 9.4%。县域公司类贷款增长速度高于存款增长速度。县域个人贷款余额 5 364.20

亿元，较上年末增长 22.6%，县域个人存款余额 26 364.64 亿元，较上年末增长 11.7%。县域个人类贷款增长速度高于存款增长速度。县域机构发放贷款的对象以法人为主，截至 2011 年末，县域公司类存贷比是 92.96%，而个人类存贷比仅为 20.35%，可以看出中国农业银行对农户的信贷服务明显不足。

表 3-12　　　　2010—2011 年中国农业银行的县域信贷业务

年份	县域公司类业务					县域个人类业务				
	贷款余额（亿元）	增长率（%）	存款余额（亿元）	增长率（%）	存贷比（%）	贷款余额（亿元）	增长率（%）	存款余额（亿元）	增长率（%）	存贷比（%）
2010	10 379.56	24.9	11 700.28	25.3	88.71	4 375.60	43.4	23 601.43	15.8	18.54
2011	11 899.92	14.6	12 800.54	9.4	92.96	5 364.20	22.6	26 364.64	11.7	20.35

注：数据根据中国农业银行年报（2010—2011 年）进行整理。中国农业银行网址：http://www.abchina.com/cn/。

（3）县域存款的相当比例没有发放县域贷款。表 3-13 显示，截至 2011 年末，县域总资产占中国农业银行总资产的 37.63%，县域负债占中国农业银行总负债的 37.70%，县域发放贷款和垫款余额占中国农业银行发放贷款和垫款余额的 32.44%，县域吸收存款占中国农业银行吸收存款的 41.72%，① 县域存款占比比县域贷款占比高了 9.27 个百分点，说明县域吸收的存款的相当比例没有用于发放县域贷款。

表 3-13　　　　　　2007—2011 年中国农业银行县域金融
业务的资产和负债占比情况　　　　　单位:%

年份	2007	2008	2009	2010	2011
县域贷款占比	39.02	27.60	29.75	31.44	32.44
县域存款占比	39.35	41.24	40.47	40.64	41.72
县域资产占比	36.02	38.71	36.42	37.18	37.63
县域负债占比	36.86	40.21	37.68	37.67	37.70

注：数据根据中国农业银行年报（2007—2011 年）和中国农业银行首次公开发行股票（A股）招股说明书中数据计算得出。中国农业银行网址：http://www.abchina.com/cn/。

---

① 县域贷款占比＝县域发放贷款和垫款余额/中国农业银行发放贷款和垫款余额，县域存款占比＝县域存款余额/中国农业银行存款余额，县域资产占比＝县域资产/中国农业银行资产，县域负债占比＝县域负债/中国农业银行负债。

3.3.2.3 农村政策性金融机构贷款结构分析

中国农业发展银行同时开展农业政策性信贷业务和农业商业性信贷业务。农业政策性信贷业务体现中国农业发展银行的政策性银行定位，应该服务好农业和农村经济发展需要，充分体现政府的政策意图，农业商业性信贷业务使其能够更好地实现财务上的可持续。目前，中国农业发展银行商业性贷款业务相对于政策性贷款业务增长较快。

表 3 - 14 　　　　　2007—2011 年中国农业发展银行的贷款结构 　　单位：亿元

	贷款业务	2007	2008	2009	2010	2011
主要政策性贷款业务	累放粮棉油收购贷款	2 752.0	3 948.3	4 193.6	2 787.9	4 326.8
	农业科技贷款	28	45.8	65.7	87	62.94
	专项储备贷款	248.66	327.54	307.04	300.13	458.68
	合计	3 028.66	4 321.64	4 566.34	3 175.03	4 848.42
主要商业性贷款业务	农业产业化龙头企业和加工企业贷款	1 023.00	925.50	1 157.9	1 293.00	1 561.10
	农业小企业贷款	83.00	104.90	101.40	83.78	75.87
	农业生产资料贷款①	22.69	46.00	47.05	47.92	79.93
	农村流通体系建设贷款	18.84	46.68	51.88	73.26	102.21
	累放农业综合开发和农村基础设施建设贷款	446.00	889.40	1 558.52	1 773.00	3 278.40
	合计	1 593.53	2 012.48	2 916.75	3 270.96	5 097.51

注：数据根据中国农业发展银行 2004—2011 年年度报告和郑晖同志在 2006—2012 年中国农业发展银行全国分行行长会议上的讲话整理和计算得到。中国农业发展银行网址：http://www.adbc.com.cn/。

（1）政策性贷款业务。表 3 - 14 显示，截至 2011 年累放粮棉油收购贷款 4 326.8 亿元，农业科技贷款 62.94 亿元，专项储备贷款 458.68 亿元。主要政策性贷款业务稳步增长，由 2007 年的 3 028.66 亿元，逐年增长，到 2011 年达到 4 848.42 亿元，与 2007 年相比，增长了 0.6 倍。

（2）商业性贷款业务。表 3 - 14 显示，截至 2011 年末，农业产业化龙头企业和加工企业贷款 1 561.1 亿元，农业小企业贷款 75.87 亿元，农业生产资料贷款 79.93 亿元，农村流通体系建设贷款 102.21 亿元，累放农

---

① 农业生产资料贷款不包括化肥储备贷款。化肥储备贷款放到专项储备贷款中。

业综合开发和农村基础设施建设贷款3 278.4亿元，支持2 139个项目。主要商业性贷款业务快速增长，由2007年的1 593.53亿元，逐年增长，到2011年达到5 097.51亿元，与2007年相比，增长了2.2倍。

3.3.2.4　新型农村金融机构贷款结构分析

（1）对农户和小企业的贷款占比较高，但有下降趋势。表3-15显示，截至2011年末，对农户贷款432亿元，对小企业贷款620亿元。2008年至2011年，新型农村金融机构对农户和小企业的贷款占比为80%以上，但有下降趋势。2008年农户贷款占比为40.88%，逐年下降，到2011年降为32.83%。2008年小企业贷款占比为54.97%，到2011年降为47.11%。农户贷款和小企业贷款占比由2008年的95.85%，到2011年下降为79.94%。

表3-15　　　2008—2011年新型农村金融机构贷款规模和结构

年份	2008	2009	2010	2011
贷款余额（亿元）	34.2	181	600.9	1 316
其中：农户贷款（亿元）	13.98	66	207.4	432
小企业贷款（亿元）	18.8	91	313.8	620
农户贷款/贷款余额（%）	40.88	36.46	34.51	32.83
小企业贷款/贷款余额（%）	54.97	50.28	52.22	47.11
（农户贷款＋小企业贷款）/贷款余额（%）	95.85	86.74	86.74	79.94

注：数据根据中国银行业监督管理委员会年报（2008—2011年）整理和计算。中国银行业监督管理委员会网址：http://www.cbrc.gov.cn/index.html。

（2）村镇银行贷款结构分析。截至2011年底，已开业村镇银行贷款余额1 305亿元，其中农户贷款余额423亿元，小企业贷款余额611亿元，农户贷款占比为32.4%，小企业贷款占比46.8%。两者合计占比79.2%。

据2012年金融统计年鉴数据显示，截至2011年末，从村镇银行存款结构看，存款中近七成为单位存款。单位存款余额为1 120亿元，占比66%；从期限结构看，短期贷款余额1 060亿元，占各项贷款余额的比重为81.2%。从贷款用途来看，近九成为经营性贷款。经营性贷款和消费贷款余额分别为1 125.2亿元和58.6亿元，占各项贷款余额的比重分别为86.3%和4.5%。全年经营性贷款和消费贷款分别增加612.9亿元和25.6亿元，占贷款增加额的比重分别为86.7%和3.6%。从贷款对象来看，个人贷款和企业贷款余额分别为585亿元和719亿元，占比分别为44.9%和

55%。涉农贷款余额 964 亿元，余额同比增长 123.4%，涉农贷款余额占其各项贷款余额的比重为 73.9%，比 2010 年末提高 1.5 个百分点。全年增加涉农贷款 533 亿元，同比多增 229 亿元，全年涉农贷款增加额占其各项贷款增加额的比重为 75.4%，比 2010 年末提高 2.5 个百分点。从"三农"贷款投入来看，农林牧渔业（农业）贷款余额 272 亿元，占各项贷款余额的比重为 20.8%，全年增加 144 亿元，同比增长 111.9%；农村贷款余额 887 亿元，占各项贷款余额的比重为 68%，全年增加 473 亿元，同比增长 114.3%；农户贷款余额 401 亿元，占各项贷款余额的比重为 30.7%，全年增加 210 亿元，同比增长 109.9%。

（3）部分新型农村金融机构贷款对象偏离农户。一是有些农村资金互助社的贷款对象偏离农户。农村资金互助社经营目标应该是为了满足农村中低收入群体的金融服务需求，不以盈利为目的，其贷款应该主要是贷给社员，但一些农村资金互助合作社难挡利益诱惑，经营逐渐偏离了其发展的初衷，他们将目光放在贷款金额比较大的企业，而真正需要资金的农民却无法得到满足生产所需的资金。二是有些村镇银行服务对象偏离农户。虽然村镇银行的设立满足了一些农户的信贷需求，但有些村镇银行追求的服务目标群体有向富裕客户和大客户转移的倾向，这与银行监管当局发起设立村镇银行的初衷不符。下面以浦发村镇银行为例来考察村镇银行"三农"贷款情况，浦发村镇银行的贷款对象主要是企业客户，农户贷款占比偏低。表 3-16 显示，浦发村镇银行"三农"贷款，逐年快速增长，其中 2011 年农村企业及各类组织贷款占比为 77%，而农户贷款的占比是 15.69%。

表 3-16　　2009—2011 年浦发村镇银行"三农"贷款情况表

项目	2009	2010	2011	2011 年各项贷款占比（%）
农户贷款（万元）	9 347	37 130	84 936	15.69
农村企业及各类组织贷款（万元）	32 896	171 872	416 745	77.00
城市企业及各类组织涉农贷款（万元）	—	14 390	34 687	6.41
其他涉农贷款（万元）	—	4 525	4 864	0.90
涉农贷款合计（万元）	42 243	227 917	541 232	100

注：资料来源根据浦发银行 2011 年年报数据整理和计算得到。上海浦发银行网址：http://www.spdb.com.cn/chpage/c1/。

3.4　本章小结

从财务可持续状况来看，第一，农村合作金融机构的资产、负债和所有者权益逐年增长，流动性水平比较宽松，财务风险有所下降，税后利润逐年上升，盈利性指标不断改善。其中，农村商业银行资产、负债和所有者权益增长幅度快于农村合作银行和农村信用社，各项财务指标也好于农村合作银行和农村信用社。第二，中国农业银行县域总资产、负债和所有者权益不断增长，虽然资产、负债和所有者权益的增长率是下降趋势，但增长率保持较高水平。中国农业银行的"三农金融事业部"的安全性水平提高，流动性比较宽松，财务风险较低，盈利水平不断提高。第三，中国农业发展银行资产、负债和所有者权益逐年不断快速增长，不良贷款余额及占比明显下降，但资本充足率偏低，没有达到监管当局的资本充足率8%和核心资本充足率4%的要求，资本比率下降，说明中国农业发展银行抵御风险能力下降。资金自给率的发展趋势是上升的。税后利润逐年增长，税后利润增长率有上升趋势，税后利润保持高速增长。资产收益率和权益报酬率不断提高，成本收入比逐年下降，说明中国农业发展银行的经营绩效不断提高。第四，新型农村金融机构的资产规模逐年快速增长，资产增长率是下降趋势，资产保持了较高的增长速度。新型农村金融机构的不良贷款率保持在较低水平，资本较充足，存贷比偏高，导致其存贷比偏高的直接原因是贷款增长快于存款增长，吸收存款困难，无法满足贷款增长的需求。资产负债率有上升趋势，但指标并不高，说明其财务风险较小。税后利润逐年快速增加，权益报酬率和资产收益率逐年快速提高。

从服务"三农"信贷状况来看，第一，农村合作金融机构改制为农村商业银行后服务"三农"的信贷规模不是下降了而是提高了，说明商业化与政策性并不是完全对立的，但农村商业银行的存贷差较大，说明农村商业银行对农村的系统性负投资不断增加。农村合作金融机构涉农贷款占金融机构本外币涉农贷款的比重下降，农村合作金融机构的农户贷款占金融机构本外币农户贷款的比重也下降，说明农村合作金融机构服务"三农"的信贷状况并没有实质性改善。第二，近几年中国农业银行的涉农贷款余额占全部贷款的比例一直保持在30%左右，没有明显增长，但是中国农业银行涉农贷款余额占银行业金融机构涉农贷款余额的比例逐年下降，这说明中国农业银行在农村和农业经济中支柱和骨干作用有所下降。同时，中国农业银行对农户的信贷服务明显不足。第三，中国农业发展银行的资金来源渠道日益多元化，市场化发债融资比重不断上升，对中国人民银行再贷款的依赖性不断降低，从而中国农业发展银行对中国人民银行基础货币的影响不断降低，但农业商业性信贷业务开展对农业政策性信贷业务产生排挤。第四，新型农村金融机构对农户和小企业的贷款占比为80%以上，但新型农村金融机构对农户和小企业的贷款占比有下降趋势，部分新型农村金融机构贷款对象偏离农户。

第四章 农村正规金融机构双重
目标兼顾状况的微观分析

在第三章分析中，新型农村金融机构能够较好地兼顾双重目标。因此本章主要选取新型农村金融机构的案例来分析双重目标兼顾状况。新型农村金融机构主要是村镇银行和农村资金互助社。设立村镇银行必须是银行业金融机构。设立主体包括大型国有商业银行和中小型商业银行两类，因此选择了两类村镇银行进行分析。

4.1 大型国有商业银行设立的村镇银行双重目标兼顾状况分析

实践证明，村镇银行办理业务流程短、决策快、效率高，有利于提高"三农"金融业务的服务质量（王智，2008）。在村镇银行的发展进程中，需要引导各类资本的参与，但大型国有商业银行的加入有着不可替代的作用。大型国有商业银行发起设立村镇银行，支持农村金融发展，是大型国有商业银行的历史使命和社会责任。监管当局希望通过大型国有商业银行的行动，可以扎实做好村镇银行的培育与发展，持续提高农村地区银行业金融机构的覆盖率，不断提升对农村经济社会发展的金融供给能力。大型国有商业银行培育村镇银行可以更好地实现为"三农"服务，也必将产生良好的社会效益和经济效益。村镇银行发展的难题在于，如何既实现财务上可持续性，又能保证其服务"三农"的方向不动摇。这既需要金融机构和民间资本的积极参与，更需要完善的体制和机制作保障，以及足够的政策扶持。本书以中国建设银行设立的村镇银行为例，考察大型国有商业银行设立的村镇银行双重目标兼顾状况。

4.1.1 发展现状

中国建设银行积极推动并发起设立村镇银行，是大型商业银行履行社会责任，支持"三农"发展，大力推进社会主义新农村建设的具体体现。

（1）培育村镇银行速度加快。表4-1显示，在2008年和2009年中国建设银行设立村镇银行步伐缓慢，直到 2010 年以后设立村镇银行步伐开始加快，截至 2011 年末，中国建设银行在全国共组建 16 家村镇银行，比 2010 年增加了 7 家。

表4 –1 2008—2011 年中国建设银行设立村镇银行的法人机构数量

年份	2008	2009	2010	2011
法人机构增加（家数）	1	1	7	7
法人机构总数（家数）	1	2	9	16

注：数据根据中国建设银行年报（2008—2011 年）数据进行整理和计算。中国建设银行网址：http://www.ccb.com/cn/home/index.html。

（2）村镇银行的股权高度集中。中国建设银行培育的村镇银行规模大，股权高度集中，且绝大部分村镇银行采取有限责任公司形式。这种股权结构导致村镇银行仍然按照传统大型商业银行的理念与业务实践来经营，在人才、管理以及股东之间的协调配合上不同程度地存在问题。真正可选的优秀工作人员不够，人力资源管理薄弱，业务创新能力不足，尤其是经营观念需要转变（杜晓山，2010）。第一，村镇银行的平均注册资本接近 1 亿元。截至 2011 年末，中国建设银行已成立的 16 家村镇银行中，河北丰宁建信村镇银行有限责任公司和陕西安塞建信村镇银行有限责任公司的注册资本最低，是 3 000 万元，江苏苏州常熟建信村镇银行有限责任公司的注册资本最高，是 2 亿元。表 3 – 7 显示，截至 2011 年末，16 家村镇银行的注册资本共计 15.40 亿元，平均注册资本 0.96 亿元。第二，绝大部分村镇银行采取有限责任公司形式。村镇银行在组织形式上主要类型是股份有限公司和有限责任公司。截至 2011 年末，中国建设银行设立的 16 家村镇银行，其中 14 家是有限责任公司形式，只有 2 家是股份有限公司形式。表 4 – 2 显示，截至 2011 年末，中国建设银行成立的 16 家村镇银行，中国建设银行出资 7.75 亿元，平均出资比例是 50%。中国建设银行处于控股地位。村镇银行股权设置呈现出了高度集中的特点，股权高度集中而致村镇银行沦为主发起银行的附属或分支机构。

表4-2　　　　　　　　2008—2011年中国建设银行设立
村镇银行的注册资本和出资比例

年份	2008	2009	2010	2011
注册资本（亿元）	0.5	2	9.1	15.40
平均注册资本（亿元）	0.5	1	1.01	0.96
建行出资（亿元）	0.255	0.78	4.54	7.75
平均出资比例（%）	51	39	50	50

注：数据根据中国建设银行年报2008—2011年整理和计算。中国建设银行网址：http://www.ccb.com/cn/home/index.html。

（3）市场定位和地区分布。中国建设银行培育的村镇银行致力于为农村企业、农户提供全面的金融服务，已开业的村镇银行有效地改善了当地的"三农"金融服务。2011年，针对客户需求，开发出农户联保贷款、农民助业贷款、林权抵押贷款、农业订单贷款、农业机械贷款等信贷产品，有效缓解了农户、县域小微企业等客户群体贷款难的问题。

第一，市场定位高端化。目前，中国建设银行培育的16家村镇银行，其中12家分布在经济发展水平比较高的东部，这12家中浙江省就占了6家。村镇银行很少设立在经济发展水平比较低的省份和地区。

第二，分布偏向东部，布局分散。表4-3显示，2011年末，已经成立的16家村镇银行的地区分布不够合理，分布偏向东部地区，不利于改善中西部地区、欠发达县域和乡镇的农村金融服务，并且存在着村镇银行布局分散、管理半径大，经营规模小、管理成本高、风险管控难度较大等突出问题，在一定程度上影响了中国建设银行管理和技术优势的发挥（顾京圃，2010）。目前中国建设银行设立的单点村镇银行存在规模不经济问题。截至2011年末，中国建设银行全国已组建村镇银行支行只有1家，即2011年5月10日成立的浙江苍南建信村镇银行股份有限公司龙港支行。

表4-3　　　　2011年末中国建设银行设立村镇银行的地区分布

区域	省、自治区、直辖市	村镇银行数量
西部地区（1家）	陕西	1
中部地区（3家）	安徽	1
	河南	1
	湖南	1

续表

区域	省、自治区、直辖市	村镇银行数量
	山东	1
	上海	1
东部地区（12家）	江苏	3
	浙江	6
	河北	1

注：数据根据中国建设银行年报 2011 年整理和计算得到。中国建设银行网址：http：// www. ccb. com/cn/home/index. html。

4.1.2 财务可持续状况分析

中国建设银行设立的村镇银行不良贷款保持为 0，但盈利能力不强。中国建设银行设立的村镇银行多数在运行一两年后能实现盈亏持平。表 4 - 4 显示，2011 年中国建设银行发起设立的 16 家村镇银行整体实现净利润 0.24 亿元。16 家村镇银行的资产质量得到有效控制，不良贷款保持为 0，但盈利能力不强。截至 2011 年末，16 家村镇银行总资产 68.42 亿元，其中，中国建设银行出资 7.75 亿元，16 家村镇银行的权益报酬率是 3.10％，资产收益率是 0.35％。① 总体来看，中国建设银行设立村镇银行的盈利能力比中国建设银行（加权平均净资产收益率为 22.51％，平均资产回报率为 1.47％）差。

表 4 - 4   2009—2011 年中国建设银行设立村镇银行的净利润

年份	2009	2010	2011
净利润（亿元）	—	0.0367	0.24

注：数据根据中国建设银行年报 2009—2011 年进行整理。中国建设银行网址：http：// www. ccb. com/cn/home/index. html。

4.1.3 服务农户和农村小微企业的信贷状况分析

中国建设银行设立的村镇银行信贷业务增长较快，涉农贷款占比较高，但存贷比偏高。表 4 - 5 显示，截至 2011 年末，中国建设银行设立的

---

① 权益报酬率 = 净利润/投资额，资产收益率 = 净利润/资产。

16 家村镇银行存款余额 45.97 亿元，贷款余额 41.28 亿元，其中涉农贷款占比 87.34%。中国建设银行设立的村镇银行的存款和贷款规模，逐年快速增长，但存贷比明显偏高。导致村镇银行存贷比偏高的一个重要原因是村镇银行吸收存款难度较大。

表 4 – 5   2009—2011 年中国建设银行设立村镇银行的信贷业务

机构	村镇银行			中国建设银行
年份	2009	2010	2011	2011
年末存款余额（亿元）	3.32	20.82	45.97	99 874.50
年末贷款余额（亿元）	2.68	13.43	41.28	64 964.11
存贷比（%）	80.7	64.5	89.8	65.05

注：数据根据中国建设银行 2009—2011 年报进行整理和计算。中国建设银行网址：http://www.ccb.com/cn/home/index.html。

4.1.4 双重目标兼顾状况评价

中国建设银行设立的村镇银行财务可持续状况不断改善，对农户和小微企业信贷服务较好。目前中国建设银行设立的村镇银行的双重目标兼顾状况处于第四象限（见图 4 – 1）。

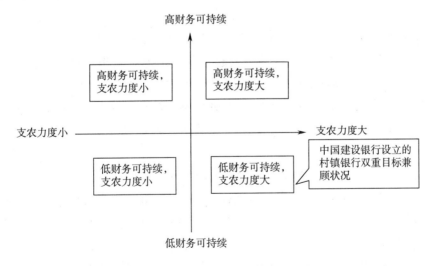

图 4 – 1   大型国有商业银行设立的村镇银行双重目标兼顾状况

4.2 中小商业银行设立的村镇银行双重目标兼顾状况分析

本书以内蒙古自治区呼伦贝尔市村镇银行为例，考察中小商业银行设立村镇银行的双重目标兼顾状况。

目前，内蒙古自治区呼伦贝尔市辖内有 3 家村镇银行，分别是由包商银行发起并于 2009 年 4 月设立的鄂温克旗包商村镇银行、2010 年 9 月设立的莫力达瓦包商村镇银行，内蒙古银行发起并于 2011 年 9 月设立的扎兰屯蒙银村镇银行。经过 4 年的努力，呼伦贝尔市村镇银行培育和发展工作取得明显成效。截至 2012 年 12 月末，呼伦贝尔市辖内 3 家村镇银行资产总额 95 796.12 万元，与 2009 年相比，增长了 21.11 倍；负债总额 86 000.53 万元，与 2009 年相比，增长了 20.50 倍；各项贷款余额 48 646.19 万元，与 2009 年相比，增长了 56.34 倍；其中，农户贷款余额 39 868.63 万元，小企业贷款余额 1 490 万元，农户贷款占比为 81.96%，小企业贷款占比 3.06%。各项存款余额 51 952.05 万元，与 2009 年相比，增长了 12.01 倍；净利润从 2009 年的亏损 166.22 万元，到 2012 年实现扭亏为盈利，净利润为 1 140.01 万元。

4.2.1 设立和股权结构

第一，设立情况。据作者在内蒙古呼伦贝尔市调研村镇银行的数据显示，呼伦贝尔市的村镇银行的主发起银行处于绝对或相对控股地位。表 4-6 显示，呼伦贝尔市村镇银行的主发起行是中小型商业银行，2 家村镇银行的发起行是包商银行，1 家村镇银行的发起行是内蒙古银行。注册资金规模逐年增大，机构分布偏重于农牧区，在组织形式上是股份有限公司。

第二，股权结构。包商银行绝对控股发起设立两家村镇银行，内蒙古银行相对控股发起设立一家村镇银行。3 家村镇银行股本总额为 9 000 万元，其中发起行持股占 65.54%，其他企业法人股占 6.67%，自然人股占 27.79%。

区域性中小商业银行作为主发起行在呼伦贝尔市辖区内发起设立村镇银行，地域跨度大、管理半径长，协调和管理成本过高。城市商业银行发起设立村镇银行的积极性高的主要原因是为了实现跨区域发展和规模扩大，但它们也必须考虑跨区域跨省发起设立村镇银行给母银行带来的资本金消耗、人才输出和管理风险等问题。全国性的国有商业银行和股份制商业银行发起设立村镇银行的积极性不高是因为有遍布全国各地的分支机构，对于他们来说设立村镇银行的意义不是很大，而且大中型商业银行做小额信贷业务也不擅长。

表 4 - 6　　　　　　　　呼伦贝尔市村镇银行发展概况

村镇银行	鄂温克旗包商村镇银行	莫力达瓦包商村镇银行	扎兰屯蒙银村镇银行
成立时间	2009 年 4 月	2010 年 9 月	2011 年 9 月
设立地点	鄂温克族自治旗	莫旗尼尔基镇	扎兰屯市
注册资本（万元）	500	700	2 000
主发起行	包商银行	包商银行	内蒙古银行
组织形式	股份制	股份制	股份制

注：数据根据当地监管报表（2009—2011 年）进行整理。

4.2.2　财务可持续状况分析

（1）资产、负债和所有者权益增长情况。呼伦贝尔市村镇银行的资产规模从 2009 年的 4 333.5 万元，逐年快速增长，到 2012 年达到 95 796.12万元。增长了 21.11 倍。负债规模从 2009 年的 3 999.72 万元，逐年快速增长，到 2012 年达到 86 000.53 万元，增长了 20.50 倍。所有者权益规模从 2009 年的 333.78 万元，逐年快速增长，到 2012 年达到 9 795.59 万元，增长了 28.35 倍。实收资本从 2009 年的 500 万元，逐年增长，到 2012 年达到 9 000 万元，增长了 17 倍。

（2）财务收支状况分析。呼伦贝尔市村镇银行的营业收入从 2010 年的 151.76 万元，逐年快速增长，到 2012 年达到 4 032.64 万元。与 2010 年相比，增长了 25.57 倍。利息净收入（含债券利息收入）从 2010 年的 151.99 万元，逐年快速增长，到 2012 年达到 4 034.51 万元，增长了 25.54倍。营业利润从 2010 年的亏损 117.3 万元，2011 年扭亏为盈，到 2012 年达到 1 275.72 万元。计提资产减值损失前的利润总额从 2010 年的亏损 117万元，2011 年扭亏为盈，到 2012 年达到 1 924.13 万元。净利润（加少数股东权益）从 2009 年的 -166.22 万元，逐步扭亏为盈，到 2012 年实现扭亏为盈利，净利润为 1 140.01 万元。

（3）财务指标分析。目前，呼伦贝尔市村镇银行资产质量较好，资本充足，流动性水平偏紧，盈利能力不断提高。第一，安全性分析。从 2009 年到 2012 年呼伦贝尔市村镇银行的不良贷款率维持在较低水平。截至 2012 年末，已开业村镇银行中只有 1 家村镇银行的不良贷款率为 0.11%，另外 2 家村镇银行的不良贷款率为零。2012 年村镇银行的平均资本充足率为 16.23%，3 家村镇银行的资本充足率都在 12% 以上，资本比较充足。第二，流动性分析。从 2009 年到 2012 年，村镇银行的流动性不断下降，流动性水平偏紧。村镇银行的存贷比从 2009 年的 21.24%，逐年上升，到 2010 年上升到 97.85%，2011 年有所回落，达到 72.96%，2012 年又上升到 93.64%，2012 年村镇银行的平均流动性比例为 91.75%。第三，盈利性分析。盈利能力不断提高。由于开业初期开办费用较高等因素，2009 年至 2010 年呼伦贝尔市村镇银行尚未实现盈利。从 2012 年才扭亏为盈，2012 年实现净利润 1 140.01 万元。据中国银监会统计，2011 年商业银行的资本利润率 20.4%，资产利润率 1.28%。2012 年呼伦贝尔市村镇银行的资产利润率为 1.64%，资本利润率为 14.32%，成本收入比为 65.03%。与银行业金融机构相比，村镇银行的资本利润率偏低，而资产利润率比较高，这说明呼伦贝尔市村镇银行与商业银行相比，财务杠杆率不高。

4.2.3 服务农户和农村小微企业的信贷状况分析

（1）信贷规模分析。呼伦贝尔市已开业村镇银行的信贷业务增长较快，一定程度上改善了当地的"三农"金融服务。呼伦贝尔市村镇银行的存款余额从 2009 年的 3 993.8 万元，逐年快速增长，到 2012 年达到 51 952.05 万元，与 2009 年相比，增长了 12.01 倍。贷款余额从 2009 年的 848.4 万元，逐年快速增长，到 2012 年达到 48 646.19 万元，与 2009 年相比，增长了 56.34 倍。

（2）存款结构分析。呼伦贝尔市村镇银行存款中个人存款占比较大，企事业存款占比较小。2012 年个人存款占存款总额的 65.28%，企事业存款占存款总额的 33.69%；个人存款中定期存款占比大于活期存款占比。2012 年个人存款中活期存款占比为 46.73%，定期存款占比为 53.27%；企事业存款中活期存款占比较大，定期存款占比较小。2012 年活期存款占比为 94.20%，定期存款占比为 5.71%。

（3）贷款结构分析。呼伦贝尔市村镇银行贷款中，中长期贷款大于短期贷款。2012 年呼伦贝尔市村镇银行的短期贷款占比为 49.20%，中长期贷款占比为 50.80%。从单个村镇银行考察，3 家村镇银行中，2 家村镇银行短期贷款占比较高，分别为 77.80% 和 72.83%。另 1 家村镇银行中长期贷款占比较高，占比为 80.94%。贷款对象主要是农户，小企业贷款占比偏低。截至 2012 年末，呼伦贝尔市已开业村镇银行的贷款余额 48 646.19 万元，其中农户贷款余额 39 868.63 万元，小企业贷款余额 1 490 万元，农户贷款占比为 81.96%，小企业贷款占比 3.06%。

4.2.4 双重目标兼顾状况评价

呼伦贝尔市村镇银行财务可持续状况不断改善，对农户和小微企业信贷服务较好。目前呼伦贝尔市村镇银行的双重目标兼顾状况处于第四象限（见图 4 - 2）。

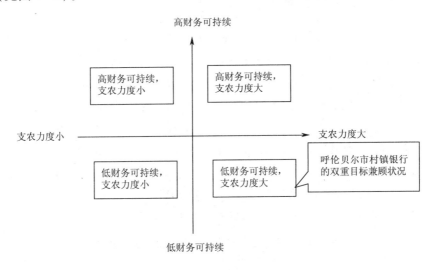

图 4 - 2 中小商业银行设立的村镇银行的双重目标兼顾状况

4.3 农村资金互助社双重目标兼顾状况分析

本节以内蒙古自治区通辽市辽河镇融达农村资金互助社为例，考察农村资金互助社双重目标兼顾状况。

融达农村资金互助社是中国银监会调整放宽农村地区银行业金融机构

准入政策以来内蒙古自治区成立的首家农村资金互助社，也是我国少数民族地区设立的第一家农村资金互助社。该社于 2007 年 5 月 12 日在内蒙古通辽市辽河镇查干村挂牌开业，注册资本 30 万元，由当地 15 名自然人共同发起建立，服务周边 12 个自然村和 2 800 多农户。目前共有从业人员 7 人，主要开办社员存款、贷款、结算、买卖政府债券、同业存放和代理业务，向其他银行金融机构融入资金，以及其他业务。截至 2012 年 7 月，融达农村资金互助社资产总额 2 254.6 万元，负债总额 2 049.87 万元，实收资本 190.41 万元，各项存款 2 044.61 万元，各项贷款 1 124.5 万元，实现利润 13 万元，资本充足率 8.65%。它的成立填补了通辽市辽河镇金融服务空白问题，促进通辽市辽河镇农村地区形成投资多元、种类多样、覆盖全面、治理灵活、服务高效的银行业金融服务体系，为更好地改进和加强通辽市辽河镇的农村金融服务、支持社会主义新农村建设具有重要作用。

4.3.1 财务可持续状况分析

（1）资产、负债和所有者权益规模快速增长。表 4－7 显示，融达农村资金互助社的资产规模从 2008 年的 612.91 万元，逐年增长，到 2010 年达到 4 553.37 万元，虽然 2011 年下降到 2 538.91 万元，但与 2008 年相比，增长了 3.14 倍；负债规模从 2008 年的 557.38 万元，逐年增长，到 2010 年达到 4 187.77 万元，虽然 2011 年下降到 2 189.31 万元，但与 2008 年相比，增长了 2.93 倍；所有者权益规模从 2008 年的 55.53 万元，到 2010 年达到 365.6 万元，虽然 2011 年下降到 349.60 万元，但与 2008 年相比，增长了 5.30 倍；实收资本规模从 2008 年的 54.99 万元，到 2010 年达到 364.32 万元，虽然 2011 年下降到 348.28 万元，但与 2008 年相比，增长了 5.33 倍。

表 4－7　　2008—2011 年融达农村资金互助社的资产负债表项目

单位：万元

项目 ＼ 年份	2008	2009	2010	2011
资产	612.91	2 142.45	4 553.37	2 538.91
负债	557.38	1 917.28	4 187.77	2 189.31
所有者权益	55.53	225.17	365.6	349.60
实收资本	54.99	223.91	364.32	348.28

注：数据根据融达农村资金互助社监管报表整理。

　　(2) 融达农村资金互助社成本降低，收入下降，净利润较少。第一，成本下降。表4-8显示，2008年业务及管理费为89.12万元，2009年快速增长到353.87万元，从2010年开始逐年下降，2011年降到60.82万元，与2008年相比，下降了31.76%；第二，收入下降。表4-8显示，2008年融达农村资金互助社本年利息收入87.79万元，2009年快速增加到409.22万元，从2010年开始逐年下降，2011年降到110.25万元，但与2008年相比，增长了26%；第三，净利润较少。表4-8显示，2008年实现净利润0.54万元，2009年增加到5.06万元，2010年却下降到0.08万元，2011年虽有所增加，达到0.22万元，但与2008年相比，下降了59.26%。

表4-8　　　　2008—2011年融达农村资金互助社的利润表项目

单位：万元

项目 \ 年份	2008	2009	2010	2011
本年利息收入	87.79	409.22	262.69	110.25
业务及管理费	89.12	353.87	231.32	60.82
净利润	0.54	5.06	0.08	0.22

　　注：数据根据融达农村资金互助社监管报表整理。

　　(3) 资产质量较好，资本充足，但流动性偏紧，盈利水平偏低。第一，安全性分析。融达农村资金互助社资产质量较好，资本较充足。表4-9显示，从2008年到2011年农村资金互助社的不良贷款率保持为0。农村资金互助社资本充足率从2008年的9.31%提高到2009年的14.96%，2010年下降到8.34%，2011年回升到14.85%。第二，流动性分析。融达农村资金互助社的流动性偏紧。表4-9显示，2008年的存贷比为84.21%，2009年开始逐年下降，到2010年降到66.82%，但2011年大幅上升到99.81%；资产负债率从2008年的90.94%下降到2009年的89.49%，2010年有所上升，达到91.97%，但2011年又降到86.23%。第三，盈利性分析。融达农村资金互助社盈利水平偏低。表4-9显示，从2008年到2011年，资产收益率偏低；权益报酬率由2009年的3.61%下降到2010年的0.03%，2011年略有增加，达到0.06%。

表 4 – 9　　　2008—2011 年融达农村资金互助社的财务绩效指标①　　　单位%

绩效指标		年份			
		2008	2009	2010	2011
营利性	资产收益率	—	0.37	0.00	0.01
	权益报酬率	—	3.61	0.03	0.06
安全性	不良贷款率	0	0	0	0
	加权资本充足率	9.31	14.96	8.34	14.85
流动性	资产负债率	90.94	89.49	91.97	86.23
	存贷比	84.21	72.84	66.82	99.81

注：数据根据融达农村资金互助社监管报表整理和计算。

4.3.2　服务农户和农村小微企业状况分析

内蒙古自治区通辽市辽河镇融达农村资金互助社的存贷款规模快速增长，贷款增速快于存款增速，吸收存款困难。表 4 – 10 显示，融达农村资金互助社的存款余额从 2008 年的 557.39 万元，逐年增长，到 2010 年存款余额达到 4 182.69 万元，虽然 2011 年存款余额下降到 2 184.05 万元，但与 2008 年相比，增长了 2.92 倍；贷款余额从 2008 年的 469.40 万元，逐年增长，到 2010 年贷款余额达到 2 795 万元，虽然 2011 年贷款余额下降到 2 180 万元，但与 2008 年相比，增长了 3.64 倍。

表 4 – 10　　　2008—2011 年融达农村资金互助社的存贷款业务　　单位：万元

年份	2008	2009	2010	2011
存款余额	557.39	1 912.26	4 182.69	2 184.05
贷款余额	469.40	1 392.80	2 795	2 180

注：数据根据融达农村资金互助社监管报表整理。

4.3.3　双重目标兼顾状况评价

融达农村资金互助社的财务可持续状况不断改善，对农户和小微企业信贷服务较好。目前融达农村资金互助社的双重目标兼顾状况处于第四象

---

①　权益报酬率和资产收益率是根据下列公式计算得出：权益报酬率＝税后利润/平均所有者权益，平均所有者权益＝（上一年末所有者权益＋本年末所有者权益）/2，资产收益率＝税后利润/平均资产余额，平均资产余额＝（上一年末资产余额＋本年末资产余额）/2。

限（见图4-3）。

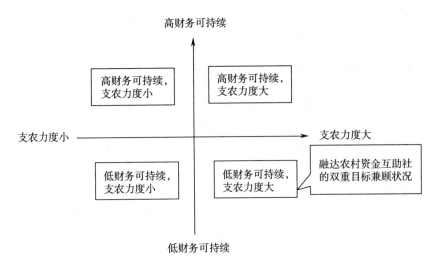

图4-3　融达农村资金互助社双重目标兼顾状况

4.4　村镇银行的绩效分析

本节以内蒙古自治区呼伦贝尔市村镇银行为例，运用超效率DEA模型和Malmquist生产率指数，对2011—2012年呼伦贝尔市村镇银行技术效率和全要素生产率变化指数（Malmquist生产率指数）进行测算和分解，通过实证分析考察呼伦贝尔市村镇银行的财务绩效和支农绩效。

4.4.1　文献综述

利用DEA方法研究我国村镇银行绩效的文献较少。主要有：吴少新等（2009）运用DEA分析法的超效率模型，对4家村镇银行的经营效率进行了比较分析，提出了促进村镇银行高效率经营的政策建议；李延春、杨海芬、赵邦宏（2012）在对现有的商业银行效率评价指标体系研究的基础上，结合村镇银行自身的经营特点，考虑到村镇银行服务"三农"的主旨，以员工数量、上年度核心资本、机构数、存款额和最大银行业金融机构股东持股比例作为投入指标，贷款结构、利息收入及净利润作为产出指标，构建了基于DEA的村镇银行效率评价指标体系；于卫平、罗剑朝（2012）在实地调研的基础上，运用DEA模型对陕西省4家村镇银行的运行绩效进行了实证研究，提出了目前陕西省村镇银行发展过程中存在的突出问题与面临的挑战，给出合理性政策建议。这些文献对我国村镇银行的运行效率进行了初步考察，偏重静态分析，并且分析得不够深入和全面。

4.4.2 超效率 DEA 模型和 Malmquist 生产率指数

（1）DEA 的基本模型：C^2R、B^2C 模型。数据包络分析是研究具有相同类型的部门（或单位）间相对有效性的非参数模型，由 Charnes 和 Cooper 等人开创。第一个 DEA 模型由 Charnes、Cooper 和 Rhodes（1978）建立，称为 C^2R 模型，用来评价具有多个输入（而且特别是具有多个输出）的决策单元是否有效。

C^2R 模型假设规模报酬不变，存在 n 个决策单元，每个决策单元有 m 种输入和 s 种输出。每个决策单元的效率指数为

$$h_j = \frac{\sum\limits_{r=1}^{s} u_r y_{rj}}{\sum\limits_{r=1}^{m} v_i x_{ij}}, \quad j = 1, 2, \cdots, n$$

式中，x_{ij}——第 j 个决策单元对第 i 种输入的投入量，$x_{ij} > 0$；

y_{rj}——第 j 个决策单元对第 r 种输入的投入量，$y_{rj} > 0$；

$i = 1, 2, \cdots, m$；$j = 1, 2, \cdots, n$；$r = 1, 2, \cdots, s$。

总可以适当地选取权系数 v 及 u，使 $h_j \le 1$，以其作为约束条件，得到最优化模型：

$$\max \frac{\sum\limits_{r=1}^{s} u_r y_{rj_0}}{\sum\limits_{r=1}^{m} v_i x_{ij_0}} = h_{j_0}^{*}$$

$$s.t. \begin{cases} \dfrac{\sum\limits_{r=1}^{s} u_r y_{rj}}{\sum\limits_{r=1}^{m} v_i x_{ij}} \le 1, \quad j = 1, 2, \cdots, n \\ v \ge 0, \quad u \ge 0 \end{cases}$$

上述问题是一个分式规划，使用 Charnes – Cooper 变换，可以化为一个等价的线性规划问题，其对偶规划为：

$$\min\theta$$

$$s.\,t. \begin{cases} \sum_{j=1}^{n} X_j\lambda_j \leqslant \theta X_0 \\ \sum_{j=1}^{n} Y_j\lambda_j \geqslant Y_0 \\ \lambda_j \geqslant 0, \quad j = 1,2,\cdots,n \end{cases}$$

C^2R 模型是在规模报酬不变的假定下建立的，Banker，Charnes 和 Cooper（1984）对 C^2R 模型施加一个凸性约束得到规模报酬可变的 B^2C 模型：

$$\min\theta$$

$$s.\,t. \begin{cases} \sum_{j=1}^{n} X_j\lambda_j \leqslant \theta X_0 \\ \sum_{j=1}^{n} Y_j\lambda_j \geqslant Y_0 \\ \sum_{j=1}^{n} \lambda_j = 1 \\ \lambda_j \geqslant 0, \quad j = 1,2,\cdots,n, \quad \theta \text{ 无限制} \end{cases}$$

（2）超效率 DEA 模型。用 DEA 方法评价决策单元的相对有效性时，得到的结果很可能出现多个单元同时相对有效的情况，DEA 模型对这些有效单元无法做出进一步的评价和比较。为此，Andersen 和 Petersen（1993）建立了超效率模型，使有效决策单元之间也能进行效率高低的比较。这个模型的基本思路是：在评估决策单元时，将其排除在决策单元的集合之外，其规划求解的表达式为

$$\min\theta$$

$$s.\,t. \begin{cases} \sum_{\substack{j=1 \\ j\neq 0}}^{n} X_j\lambda_j \leqslant \theta X_0 \\ \sum_{\substack{j=1 \\ j\neq 0}}^{n} Y_j\lambda_j \geqslant Y_0 \\ \lambda_j \geqslant 0, \quad j = 1,2,\cdots,n \end{cases}$$

（3）Malmquist 生产率指数及其分解。Fare（1994）等建立了用来考察两个相邻时期生产率变化的 Malmquist 生产率变化指数，其具体表达式

如下：

$$M_o(x^{t+1},y^{t+1};x^t,y^t) = \left\{ \left[\frac{D_o^t(x^t,y^t)}{D_o^t(x^{t+1},y^{t+1})} \right] \left[\frac{D_o^{t+1}(x^t,y^t)}{D_o^{t+1}(x^{t+1},y^{t+1})} \right] \right\}^{1/2}$$

上式代表 t + 1 期投入产出组合（x_{t+1}，y_{t+1}）相对于 t 期投入产出组合（x_t，y_t）的生产率变化。若 M_o 大于 1，表明从 t 期到 t + 1 期全要素生产率出现了正的变化；小于 1 表示负的变化；等于 1 表示效率水平没有变化。其中，D_o^t（x^t，y^t）代表 t 期投入产出组合（x_t，y_t）的距离函数。根据 Fare（1994a），距离函数是 C^2R 模型技术效率的倒数。

Malmquist 生产率变化指数的表达式还可以做进一步的代数变换如下：

$$M_o(x^{t+1},y^{t+1};x^t,y^t) = \left\{ \left[\frac{D_o^t(x^t,y^t)}{D_o^t(x^{t+1},y^{t+1})} \right] \left[\frac{D_o^{t+1}(x^t,y^t)}{D_o^{t+1}(x^{t+1},y^{t+1})} \right] \right\}^{1/2}$$

$$= \left(\frac{D_o^t(x^t,y^t)}{D_o^{t+1}(x^{t+1},y^{t+1})} \right) \times \left[\left(\frac{D_o^{t+1}(x^{t+1},y^{t+1})}{D_o^t(x^{t+1},y^{t+1})} \right) \left(\frac{D_o^{t+1}(x^t,y^t)}{D_o^t(x^t,y^t)} \right) \right]^{1/2}$$

上式中第一项代表技术效率变化指数，第二项代表技术变化指数。

其中，技术效率变化指数是在规模报酬不变假设下计算而得的，它又可以分解为规模报酬变化假设下的纯技术效率变化指数和规模效率变化指数。因此 Malmquist 生产率指数可以分解为

$$M_o(x^{t+1},y^{t+1};x^t,y^t) = EFFCH \times TECHCH = EFFCH \times PECH \times SECH$$

上式中的 *EFFCH*、*TECHCH*、*PECH*、*SECH* 分别代表技术效率变化指数、技术变化指数、纯技术效率变化指数和规模效率变化指数。

4.4.3　指标选取和数据来源

（1）指标选取。数据包络分析最关键的问题是选择合适的指标来评估决策单元的效率。银行投入产出的定义方法主要有三种：生产法、中介法和资产法。生产法将银行视为金融产品的生产者，投入为资本（通常以固定资本代表）和劳动力等，产出为存款账户数和贷款笔数等；中介法将银行视为将储蓄转化为投资的中介机构，存贷款金额均作为其产出，投入一般选择劳动力和资本等；资产法也视银行为金融中介，但仅将资产负债表中的资产项目作为产出，存款作为负债不计入产出。

三种定义方法各有利弊。由于村镇银行本质上是商业银行，在农村地区资金融通方面发挥了重要作用，考虑到数据的可得性，本文对模型中投入产出项目的确定采用了中介法和资产法相结合的方式，投入包括实收资

本、总资产和营业支出，产出包括存款余额、贷款余额和营业收入。

（2）数据来源。数据是作者本人在呼伦贝尔市村镇银行进行实地调研时，从监管部门的监管报表中获得的。由于当地只有 3 家村镇银行，并且成立得较晚，所以样本为 3 家村镇银行两年的数据。具体 3 家村镇银行的基本情况已经在本章第 2 节中介绍。在本章第 2 节中已经分析呼伦贝尔市村镇银行的贷款对象主要是农户。如截至 2012 年末，农户贷款占比为81.96%。由于数据的可得性，本节用贷款余额代表农户贷款，目的是为了考察村镇银行的支农绩效。2011—2012 年 3 家村镇银行的投入指标和产出指标的数值见表 4 - 11 和表 4 - 12。其中，X，Y，Z 分别代表 3 家村镇银行的名称①。

表 4 - 11　　　　2011—2012 年 3 家村镇银行的投入指标

银行	资产（万元）		实收资本（万元）		营业支出（万元）	
	2011	2012	2011	2012	2011	2012
X 村镇银行	31 557.54	44 819.78	3 000	3 000	628.58	1 147.26
Y 村镇银行	12 623.76	20 438.79	4 000	4 000	309.84	636.44
Z 村镇银行	12 901.07	30 537.55	2 000	2 000	204.51	973.22

注：数据根据当地监管报表（2011—2012 年）数据进行整理。

表 4 - 12　　　　2011—2012 年 3 家村镇银行的产出指标

银行	贷款余额（万元）		存款余额（万元）		营业收入（万元）	
	2011	2012	2011	2012	2011	2012
X 村镇银行	11 497.22	22 163.04	13 754.05	19 486.55	857.36	1 520.66
Y 村镇银行	4 265.56	8 465.24	6 412.03	7 376.83	294.02	955.9
Z 村镇银行	7 000	18 017.91	11 034.36	25 088.67	119.99	1 556.08

注：数据根据当地监管报表（2011—2012 年）数据进行整理。

4.4.4　实证分析结果

（1）基于传统 DEA 模型技术效率的测算及分解。基于传统 DEA 模型对 3 家村镇银行的技术效率进行测算，并将技术效率分解为纯技术效率和规模效率。运用 DEAP2.1 软件得到结果（见表 4 - 13）。

---

①　应监管部门建议，隐去三家村镇银行的真实名称。

表4－13 2011—2012 年 3 家村镇银行技术效率及其分解

年份	银行	技术效率	纯技术效率	规模效率	规模报酬
	X 村镇银行	1.000	1.000	1.000	不变
2011	Y 村镇银行	0.982	1.000	0.982	递增
	Z 村镇银行	1.000	1.000	1.000	不变
	X 村镇银行	1.000	1.000	1.000	不变
2012	Y 村镇银行	0.939	1.000	0.939	递增
	Z 村镇银行	1.000	1.000	1.000	不变

根据实证分析的结果，3 家村镇银行的纯技术效率在两年内均为 1，表明 3 家银行在两年中都位于生产前沿面上，其经营至少是弱 DEA 有效的。

X 村镇银行和 Z 村镇银行的规模效率在两年内均为 1，处于规模报酬不变的阶段。Y 村镇银行的规模效率在两年内均小于 1，且处于规模报酬递增的阶段；2011 年的规模效率为 0.982，2012 年为 0.939，小于 2011 年，规模效率下降。

技术效率是纯技术效率和规模效率的乘积。X 村镇银行和 Z 村镇银行的技术效率始终为 1，Y 村镇银行的技术效率在两年间分别下降，呈下降趋势。

（2）超效率值的测算。针对技术效率的测算结果中，X 村镇银行和 Z 村镇银行同时为有效单元，基本 DEA 模型无法对两者间的效率进行比较。基于超效率 DEA 模型，运用 Lingo10.0 软件对 3 家村镇银行的超效率值进行测算，得到以下结果（见表4－14）。

表4－14 2011—2012 年 3 家村镇银行超效率值

银行	2011		2012	
	超效率	技术效率	超效率	技术效率
X 村镇银行	3.888	1.000	1.005	1.000
Y 村镇银行	0.982	0.982	0.918	0.939
Z 村镇银行	2.466	1.000	1.931	1.000

虽然 X 村镇银行和 Z 村镇银行两年间的技术效率均为 1，但根据超效率 DEA 模型的分析结果，两家银行的效率存在差异。2011 年 X 村镇银行的效率高于 Z 村镇银行，超效率值分别为 3.888 和 2.466；2012 年的结果相反，前者的效率低于后者，超效率值分别为 1.005 和 1.931。综合前面

的分析，3 家村镇银行在两年间的效率水平都有所降低。

（3）Malmquist 全要素生产率指数的测算及分解。运用 DEAP2.1 软件对 2011 年和 2012 年 3 家村镇银行全要素生产率的变化情况进行测算，并将全要素生产率变化指数（Malmquist 生产率指数）分解为技术效率变化指数和技术变化指数，其中技术效率变化指数又进一步分解为纯技术效率变化指数和规模效率变化指数。具体见表 4 - 15。

表 4 - 15　　　　　　　　　2011—2012 年 3 家村镇银行

Malmquist 生产率指数及其分解

银行	技术效率变化指数	技术变化指数	纯技术效率变化指数	规模效率变化指数	Malmquist生产率指数
X 村镇银行	1.000	1.408	1.000	1.000	1.408
Y 村镇银行	0.956	1.498	1.000	0.956	1.432
Z 村镇银行	1.000	1.143	1.000	1.000	1.143
平均	0.985	1.341	1.000	0.985	1.321

根据实证分析的结果，可以得出以下结论：

2011 年至 2012 年 3 家村镇银行整体全要素生产率上升，具体表现为 3 家银行平均 Malmquist 生产率指数为 1.321。其中，Y 村镇银行全要素生产率上升幅度最大，Malmquist 生产率指数为 1.432；X 村镇银行全要素生产率变化比 Y 村镇银行略低，Malmquist 生产率指数为 1.408；Z 村镇银行全要素生产率相对变化较小，但 Malmquist 生产率指数大于 1，为正向变化。

在 Malmquist 指数的两个构成成分中，技术变化指数的值最大，两年间 3 家银行平均的技术变化指数为 1.341，表明整体技术进步。而 3 家银行的技术效率变化相对较小，平均的技术效率变化指数为 0.985，为负向变化，表明 3 家银行的技术效率在下降，与上文的分析结果一致。

总之，对 3 家村镇银行的实证分析结果表明，当地 3 家村镇银行的财务绩效、支农绩效和双重目标兼顾较好。

4.5　本章小结

首先，从大型国有商业银行设立的村镇银行来看，中国建设银行设立的村镇银行的信贷业务增长较快，但存贷比偏高；不良贷款保持为 0，但盈利能力不强。目前中国建设银行设立的村镇银行的双重目标兼顾状况处于第四象限。

其次，从中小商业银行设立的村镇银行来看，自2009年以来呼伦贝尔市村镇银行的资产和信贷规模快速增长，一定程度上缓解了当地农户和小企业的信贷约束，同时自身的财务绩效也不断改善。目前呼伦贝尔市村镇银行的双重目标兼顾状况处于第四象限。

再次，从农村资金互助社来看，融达农村资金互助社的资产、负债、所有者权益、实收资本和存贷规模快速增长。资产质量较好，资本充足，成本降低，但流动性偏紧，收入下降，净利润较少，盈利水平偏低。目前融达农村资金互助社的双重目标兼顾状况处于第四象限。

以上三个案例分析表明，新型农村金融机构的设立填补农村金融服务空白，缓解了一些地区农户和小微企业的金融供给不足，促进了当地农村经济发展，但一些新型农村金融机构财务可持续状况并不理想，需要政府加大政策扶持力度，减少过度管制，降低市场准入门槛，引导民间资本进入农村金融市场服务农村经济发展。

最后，运用超效率DEA模型和Malmquist生产率指数，对2011—2012年内蒙古自治区呼伦贝尔市3家村镇银行的技术效率和全要素生产率变化指数进行测算和分解，实证分析结果表明，当地3家村镇银行的财务绩效、支农绩效和双重目标兼顾较好。

第五章　农村正规金融机构
双重目标兼顾状况评价

本章从机构和农户视角来分析和评价农村正规金融机构双重目标兼顾状况。首先从机构视角对农村合作金融机构、农村商业性金融机构、农村政策性金融机构和新型农村金融机构四类农村正规金融机构的双重目标兼顾状况进行评价。然后从农户视角评价农村正规金融机构对农户借贷满足情况。

5.1　农村正规金融机构双重目标兼顾评价：机构视角

5.1.1　农村合作性金融机构双重目标兼顾评价

（1）财务可持续状况有较大改善。第一，从资产、负债和所有者权益来看，农村合作金融机构的资产、负债和所有者权益逐年增长，其中农村商业银行资产、负债和所有者权益增长幅度快于农村合作银行和农村信用社。第二，从财务指标来看，安全性方面，农村合作金融机构资本比率不断提高，其中农村商业银行的资本比率高于农村合作银行和农村信用社。农村合作金融机构资产质量不断提高，不良贷款率不断下降。农村商业银行的不良贷款率比农村信用社低。流动性方面，农村信用社的存贷比有下降趋势，农村商业银行的存贷比有上升趋势。农村信用社的存贷比高于农村商业银行的存贷比。农村信用社的资产负债率高于农村商业银行和农村合作银行。农村合作金融机构资产负债率有下降趋势，其中，农村商业银行资产负债率的下降趋势更加明显。以上数据说明农村合作金融机构的流动性水平比较宽松，财务风险有所下降。盈利性方面，农村合作金融机构的税后利润逐年上升，其中农村商业银行税后利润增长率快于农村合作银行和农村信用社。农村合作金融机构的盈利性指标不断改善，其中，农村商业银行的资产收益率和权益报酬率比农村合作银行和农村信用社高，从而可以得出结论，为了实现财务可持续，农村合作金融机构改革的最优选择应该是农村商业银行。

（2）服务"三农"信贷状况没有实质性改善。农村合作金融机构存贷款逐年不断增长。农村信用社的存贷款增长速度是下降的，贷款增长速度下降快于存款增长速度；农村商业银行的存贷款增长速度是上升趋势，贷款增长速度快于存款增长速度。农村商业银行存贷款增长速度远远快于农村信用社。说明农村信用社改制为农村商业银行后服务"三农"的信贷规模不是下降了，而是提高了，说明商业化与政策性并不是完全对立的。农村信用社改制为农村商业银行后产权结构清晰，内部治理结构改善，经营管理水平提高，服务"三农"的信贷能力也大大提高了。农村信用社的存贷比是下降趋势，存贷差也是越来越大，说明农村信用社服务"三农"信贷是下降趋势，农村信用社对农村的系统性负投资增加。农村信用社改制为商业银行后服务"三农"的贷款并没有下降，但存贷差较大，说明农村商业银行对农村的系统性负投资不断增加。农村合作金融机构的涉农贷款和农户贷款不断增加，但农村合作金融机构的涉农贷款和农户贷款的增长率是下降趋势。农户存贷比指标偏低，说明农村合作金融机构对农户贷款支持不足。农村合作金融机构涉农贷款占金融机构本外币涉农贷款的比重下降，农村合作金融机构的农户贷款占金融机构本外币农户贷款的比重也下降，说明农村合作金融机构服务"三农"的信贷规模相对有所下降。

（3）总体评价。财务可持续状况有较大改善，而服务"三农"信贷状况没有实质性改善。目前农村合作金融机构的双重目标兼顾状况处于第四象限（见图5-1）。

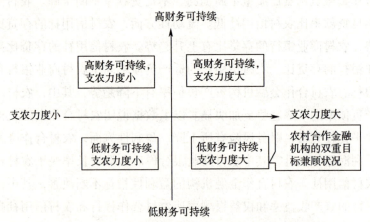

图5-1 农村合作金融机构的双重目标兼顾状况评价

5.1.2 农村商业性金融机构双重目标兼顾评价

（1）上市后中国农业银行县域金融业务的财务可持续状况有较大改善。第一，从资产、负债和所有者权益来看，中国农业银行县域总资产、负债和所有者权益不断增长，虽然资产、负债和所有者权益的增长率呈下降趋势，但保持高速增长。第二，从财务指标来看，安全性方面，中国农业银行"三农金融事业部"不良贷款率下降，信贷资产质量大幅提升，拨备覆盖率和贷款总额准备金率不断提高，说明中国农业银行的"三农金融事业部"的安全性水平提高。流动性方面，中国农业银行"三农事业部"的存贷比有上升趋势，但存贷比偏低，资产负债率是下降趋势，说明其服务"三农"的信贷力度不够，流动性比较宽松，财务风险较低。盈利性方面，中国农业银行县域金融业务的税前利润总额逐年上升，税前利润增长率有上升趋势，税前利润保持较高增长率。成本收入比不断下降，平均资本回报率不断上升，说明中国农业银行县域金融业务的盈利能力不断提高。

（2）服务"三农"信贷状况没有明显改善。中国农业银行县域金融业务的存贷款不断增长，但存贷款增长率有下降的趋势。中国农业银行县域金融业务的存贷比是上升趋势，但存贷比平均水平偏低。存贷差在不断扩大，但增长率有所放缓。说明中国农业银行县域金融业务的服务"三农"信贷状况有所改善，但对"三农"的信贷支持仍不足。近几年中国农业银行的涉农贷款余额占全部贷款的比例一直保持在30%左右，没有明显增长，但是中国农业银行涉农贷款余额占银行业金融机构涉农贷款余额的比例逐年下降，这说明中国农业银行在农村和农业经济中支柱和骨干作用有所下降。县域公司类贷款增长速度高于存款增长速度，县域个人类贷款增长速度高于存款增长速度。县域机构发放贷款的对象以法人为主，县域个人类存贷比偏低，说明中国农业银行对农户的信贷服务明显不足。同时，县域吸收的存款的相当比例没有用于发放县域贷款。

（3）总体评价。上市后中国农业银行县域金融业务的财务可持续状况有较大的改善，但服务"三农"信贷状况没有明显改善。目前中国农业银行的双重目标兼顾状况处于第二象限（见图5-2）。

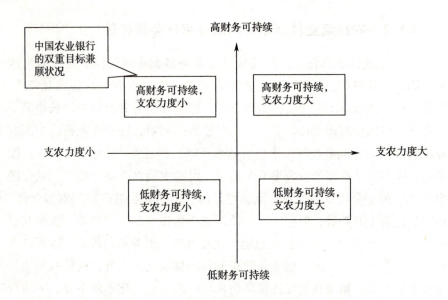

图 5 − 2　中国农业银行的双重目标兼顾状况评价

5.1.3　农村政策性金融机构双重目标兼顾评价

（1）中国农业发展银行财务可持续状况得到改善。第一，从资产、负债和所有者权益来看，中国农业发展银行资产、负债和所有者权益逐年不断快速增长。第二，从财务指标来看，安全性方面，中国农业发展银行的不良贷款余额及占比明显下降，资本充足率偏低，没有达到监管当局的资本充足率8%和核心资本充足率4%的要求，资本比率下降，以上数据说明中国农业发展银行抵御风险能力下降。流动性方面，资金自给率发展趋势是上升的，说明中国农业发展银行的流动性比较充裕。盈利性方面，税后利润逐年上升，税后利润增长率呈上升趋势，税后利润保持较高增长率。资产收益率不断提高，但偏低，权益报酬率不断提高，成本收入比逐年下降，说明中国农业发展银行的经营绩效不断提高。

（2）中国农业发展银行的资金来源渠道日益多元化，市场化发债融资比重不断上升，对中国人民银行再贷款的依赖性不断降低，从而中国农业发展银行对中国人民银行基础货币的影响不断降低。中国农业发展银行发行的金融债券余额占比不断上升，再贷款余额占比不断下降，存款余额占比不断提高，资金自给率逐年不断上升，但近年贷款增长率有下降趋势，商业性贷款业务相对于政策性贷款业务增长较快，农业商业性信贷业务开展对农业政策性信贷业务产生排挤。

（3）总体评价。中国农业发展银行财务可持续状况得到改善，主要原因是内部管理水平提高和农业商业性信贷业务开展，但农业商业性信贷业务对农业政策性信贷业务产生排挤。目前中国农业发展银行的双重目标兼顾状况处于第三象限（见图5-3）。

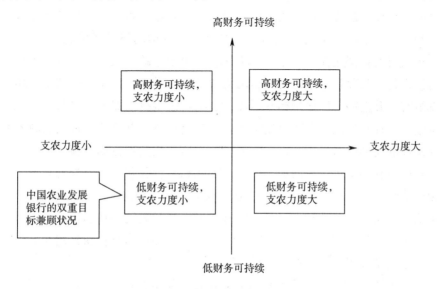

图5-3 中国农业发展银行的双重目标兼顾状况评价

5.1.4 新型农村金融机构双重目标兼顾状况评价

（1）新型农村金融机构财务可持续状况不断改善。第一，从资产、负债和所有者权益来看，新型农村金融机构的资产规模逐年快速增长，资产增长率呈下降趋势，但保持较高增长率。村镇银行的资产规模逐年快速增长，其资产增长率是下降趋势。农村资金互助社的资产规模逐年增长，资产增长率也呈下降趋势。新型农村金融机构的负债规模逐年快速增长，负债增长率呈下降趋势。村镇银行负债规模逐年快速增长，负债增长率有下降趋势。农村资金互助社的负债规模逐年增长，负债增长速度呈上升趋势，并保持较高增长率。新型农村金融机构的所有者权益规模逐年快速增长，增长率保持较快的上涨趋势。村镇银行所有者权益规模逐年快速增长，所有者权益增长率保持较快增长。农村资金互助社的所有者权益规模逐年较快增长，所有者权益增长率波动虽较大，但增长率较高。第二，从财务指标来看，安全性方面，新型农村金融机构的不良贷款率保持在较低水平，资本较充足。村镇银行不良贷款率维持在较低水平，资本较充足。农村资金互助社的不良贷款率保持在较低水平，资本较充足。流动性方面，新型农村金融机构存贷比偏高，反映其流动性不足，导致其存贷比偏高的直接原因是贷款增长快于存款增长，吸收存款难。资产负债率虽有上升趋势，但指标并不高，说明新型农村金融机构的财务风险较小。其中，村镇银行的存贷比偏高，原因是贷款增长快于存款增长，一定程度上说明村镇银行吸收存款困难，无法满足贷款增长的需求。村镇银行的资产负债率虽有上升趋势，但该指标并不高，说明村镇银行的财务风险较小。农村资金互助社存贷比和资产负债率不高，存贷比有上升趋势，说明农村资金互助社的流动性水平较宽松，财务风险不高。盈利性方面，新型农村金融机构税后利润逐年快速增加，权益报酬率和资产收益率逐年快速提高。与银行业金融机构相比，新型农村金融机构的资本利润率（即权益报酬率）偏低，而资产收益率较高。其中，村镇银行净利润逐年快速增长，资产收益率和权益报酬率逐年快速上升。农村资金互助社净利润快速增长，近年资产收益率和权益报酬率有所提高。

（2）对农户和小微企业信贷服务较好。新型农村金融机构的存贷款规模逐年快速增长，但存贷款增长率呈下降趋势。村镇银行的存贷款规模逐年增长，但存贷款增长率呈下降趋势，贷款增长速度快于存款增长速度。农村资金互助社的存贷款规模逐年不断增长，存款和贷款的增长率相当，存款增长率有上升趋势，存贷款增长率保持在较高水平。新型农村金融机构对农户和小微企业的贷款占比为80%以上，但有下降趋势。部分新型农村金融机构贷款对象偏离农户。

（3）总体评价。新型农村金融机构财务可持续状况不断改善，对农户和小微企业信贷服务较好。目前新型农村金融机构的双重目标兼顾状况处于第四象限（见图5-4）。

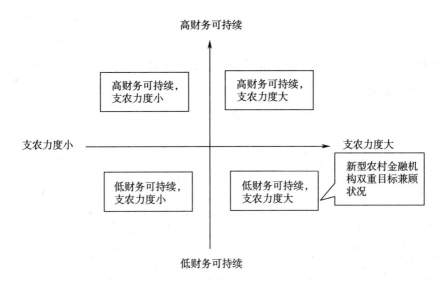

图 5 - 4 　新型农村金融机构双重目标兼顾状况评价

5.2 　农村正规金融机构对农户借贷满足情况评价：农户视角

实证分析表明，正规借贷对农户的生产和消费具有显著影响，中共中央政策研究室、农业部农村固定观察点的调查数据表明，与农户的信贷需求相比，目前农村正规金融机构的放款数量无法有效地满足农户的信贷需求，因此有必要加大金融支农力度，促进正规借贷积极满足农户生产和消费的借贷需求。

5.2.1 　正规借贷服务不足，导致民间借贷成为农户主要信贷资金来源

（1）正规借贷在农户借入款中占比偏低，有上升趋势。表 5 - 1 和图 5 - 5 显示，2009 年正规金融部门提供的正规借贷占比 37.09%，民间金融部门提供的私人借贷占比为 61.68%，正规借贷占比从 2000 年的 29.53% 上升至 2009 年的 37.09%，说明随着农村金融体制改革的深入，农村正规金融机构对农户的借贷服务有所改善。

（2）民间借贷在农户借入款中占比较高，有下降趋势。民间借贷占比由 2000 年的 68.64%，逐年下降，2009 年下降到 61.68%，但图 5 - 5 显示农村民间金融部门仍然是农户主要的信贷资金来源渠道。另外，表 5 - 2 显

示，民间借贷以无息借贷为主。民间借贷中无息借贷占比存在上升趋势，无息借贷占民间借贷的比重由 2000 年的 52.24%，逐年上升，2009 年上升到 66.11%，说明民间借贷还是以亲情友情为特征，基于地缘乡缘血缘的互助性借款为主。

表 5 – 1　　　　　　　　2000—2009 年农户借入款来源构成

年份	年内累计借入款金额（万元）	银行、信用社贷款（万元）	私人借贷（万元）	正规借贷占比（%）	民间借贷占比（%）
2000	1 450.43	428.26	995.55	29.53	68.64
2001	1 477.78	429.09	1 015.19	29.04	68.70
2002	1 416.00	371.04	1 015.96	26.20	71.75
2003	1 709.93	562.15	1 130.84	32.88	66.13
2004	1 643.55	563.86	1 045.96	34.31	63.64
2005	1 716.50	614.20	1 060.20	35.78	61.77
2006	1 784.40	670.70	1 057.80	37.59	59.28
2007	1 669.30	643.80	970.70	38.57	58.15
2008	2 125.24	905.70	1 151.92	42.62	54.20
2009	2 384.32	884.37	1 470.66	37.09	61.68

注：数据来源于中共中央政策研究室、农业部农村固定观察点办公室编：《全国农村固定观察点调查数据汇编（2000—2009 年)》，北京，中国农业出版社，2010。

表 5 – 2　　　　　　　　2000—2009 年农户无息借款占比

年份	私人借贷（万元）	其中：无息借款（万元）	无息借款占比（%）
2000	995.55	520.09	52.24
2001	1 015.19	499.46	49.20
2002	1 015.96	541.00	53.25
2003	1 130.84	694.36	61.40
2004	1 045.96	676.71	64.70
2005	1 060.20	688.30	64.92
2006	1 057.80	706.10	66.75
2007	970.70	790.40	81.43
2008	1 151.92	752.30	65.31
2009	1 470.66	972.29	66.11

注：数据来源于中共中央政策研究室、农业部农村固定观察点办公室编：《全国农村固定观察点调查数据汇编（2000—2009 年)》，北京，中国农业出版社，2010。

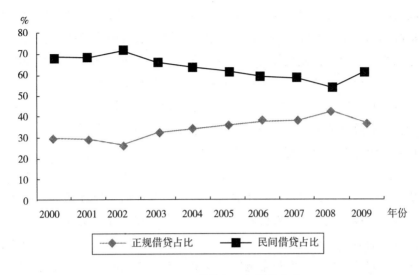

图 5 – 5　正规借贷与民间借贷占比

5.2.2　农村正规金融发展对农民收入增长没有显著影响

在国外已有的研究成果集中在研究金融发展对经济增长的影响，不能直接反映金融发展与农民收入的关系，一定程度上金融发展与农民收入的关系被金融发展与经济增长的正向关系所替代。有些国外研究文献是基于金融发展与城乡收入差距、收入分配的关系来间接研究这两者的关系。国内有不少关于农村金融发展与农民收入关系的实证研究，得出的结论主要有以下三种：（1）农村金融发展与农民收入有正向关系。周小斌和李秉龙（2003）就中国农业信贷对农业产出的绩效进行了实证分析。分析结果表明，中国农业信贷对农业要素投入、农业产出和农民收入均具有正效应。王虎和范从来（2006）研究表明，金融发展对农民收入有促进作用，但是金融发展也显著拉大了中国城乡收入的差距。高艳（2007）对 1980—2005年间农业信贷和农民人均纯收入关系进行了实证分析，结果显示两者之间存在长期协整关系和短期修正关系，农业信贷投入对农民纯收入具有较大的促进作用，但农业信贷的增加同时也扩大了农村居民收入差距。陈冲（2013）的实证研究结果显示：从长期来看，农村金融发展规模、农村金融发展结构对于农民收入的增长具有促进作用，而农村金融发展效率却抑制了农民收入的增长；在短期内，农村金融发展规模和结构两个指标与农民收入增长之间没有明显的正向关系，而农村金融发展效率具有较为显著的抑制作用。格兰杰因果检验显示：农村金融发展规模和效率是农民收入增长的格兰杰原因，但是其反向的格兰杰因果关系不存在，脉冲响应函数得到同样结论。（2）农村金融与农民收入没有关系或者有负向关系。温涛、冉光和、熊德平（2005）实证研究结果显示：中国金融发展对农民收入增长具有显著的负效应。许崇正、高希武（2005）研究发现，信贷对于农户人均收入的影响不显著，农村金融对于农民增收的支持不力。朱喜、李子奈（2006）基于 VEC 模型的协整分析，实证研究改革以来我国农村信贷的分配效率，结果发现，在政府主导的指令性信贷模式下，金融机构的农村贷款投入在长期与农民收入、农村投资之间不存在均衡关系，在短期内也未能有效地促进农村投资的增加和农民收入的增长。刘旦（2007）的实证研究结果显示，农村金融发展效率对农民收入增长具有显著的负效应。杨小玲（2009）的实证研究结果表明：农村金融发展与农民家庭经营纯收入之间呈负相关关系，且二者之间不存在格兰杰因果关系；而农村金融发展结构（即对乡镇企业贷款的增加）会提高农民的工资性收入水平，农村金融发展效率是农民工资性收入的格兰杰原因。（3）农村金融与农民收入存在复杂关系。谭燕芝（2009）的实证分析表明，农民增收促进了农村金融发展，但农村金融发展却不利于农民增收，也不是农民增收的格兰杰原因，并且农村金融发展对于农民增收的贡献率远远低于农民增收对于农村金融发展的贡献率。杜兴端、杨少垒（2011）的研究结果表明，从长期来看，农村金融发展规模、农村金融发展效率与农民收入增长之间存在稳定的均衡关系；从短期来看，农村金融发展效率是农民收入增长的格兰杰原因，反之不成立。农民收入增长是农村金融发展规模的格兰杰原因，反之也不成立。农村金融发展规模和农村金融发展效率都对农村收入增长具有不利影响，我国农村金融发展不仅未能促进农民收入增长，反而起到了消极作用。

学者们已有的研究成果，由于选取指标和研究方法的不同，得出不一致的研究结论。以上的研究存在一些缺陷，首先，在金融发展的指标选择上仅仅采用个别指标来衡量农村金融发展的某个方面，例如，农村金融发展规模或者效率；在计量结果分析上存在一定缺陷，例如由变量间的格兰杰因果检验结果直接推出因果关系。本书利用 1978—2009 年的数据，建立

VAR 模型研究农村正规金融发展与农民收入的关系，从中国农村金融发展水平、效率和结构三个方面来考察农村正规金融发展对农民收入增长是否有显著正向影响。

5.2.2.1 模型构建与数据来源

（1）模型构建。采用非结构化方程模型 VAR 研究农村正规金融发展与农民收入的关系。VAR 模型是由西姆斯引入到经济学中的，基于数据的统计性质建立的，不以理论为基础，把系统中每一个内生变量作为系统中所有内生变量滞后值的函数来构建模型（高铁梅，2008）。VAR 模型通常用于相关时间序列系统的预测和分析随机扰动对变量系统的动态影响，因此，用此模型分析农村正规金融发展与农民收入的互动关系是十分有利的。VAR 模型可以表示为

$$Y_t = \sum_{i=1}^{p} \prod_i Y_{t-i} + U_t = \prod_1 Y_{t-1} + \prod_2 Y_{t-2} + \cdots + \prod_p Y_{t-p} + U_t$$

$$(5-1)$$

式中，$Y_t = (EPCNI_t, RFIR_t, RFE_t, RFS_t)^T$ 是 4×1 阶时间序列因变量列向量，$RPCNI$ 代表农民实际人均纯收入，$RFIR$、RFE、RFS 分别代表农村金融相关率、农村金融效率指标、农村金融结构指标。$\prod_i (i = 1, 2, 3, \cdots, p)$ 是第 i 个待估参数 4×4 阶矩阵，$U_t = (u_{1t}, u_{2t}, u_{3t}, u_{4t})^T$ 是 4×1 阶随机误差列向量，p 是模型最大滞后阶数，p 的取值可以由后续的检验得出。

本书以剔除了价格影响的农民人均纯收入（Rural Per Capita Net Income，RPCNI），即农民实际人均纯收入，作为农民收入的指标，以便反映农民收入的真实变化。由于农民实际人均纯收入是绝对值，其数值和农村金融发展指标的差异比较大，因此对其取自然对数，用 RPCNI 表示。

为了完善以往研究的不足，本书用前文提到的三个指标全面地描述农村正规金融发展，分别是农村金融相关率（Rural Financial Interrelations Ratio，RFIR）、农村金融效率（Rural Financial Efficiency，RFE）、农村金融结构（Rural Financial Structure，RFS）。

农村金融相关率（RFIR）来源于 Goldsmith（1969）提出的金融相关率（FIR），它表示金融资产占国内生产总值的比重，衡量一国（地区）金融发展水平的指标。本书采用张兵等（2002）的计算方法，以"农户储蓄

余额"、"农业存款余额"和"农民手存现金"三者之和作为"农村金融资产",忽略了有价证券部分。把"农林牧渔总产值"与"乡镇企业总产值"之和作为"农村总产值",将农村金融相关率定义为农村金融资产与农村总产值的比值,该比值越大,说明农村正规金融发展水平越高。

农村金融效率指标(RFE)为正规金融机构农村贷款与农村存款之比,反映的是金融机构将农村存款转化为农村贷款的效率。农村存款为农业存款和农户储蓄存款之和,农村贷款为农业贷款和乡镇企业贷款之和。只有金融机构所吸纳的资金能够及时有效地用于投资,金融机构才能真正发挥作用,因此是存贷比是衡量金融发展的一个重要指标,该比值越大,说明农村金融效率越高。

农村金融结构指标(RFS)是以正规金融机构的乡镇企业贷款余额占农村贷款余额的比例来表示。由于乡镇企业吸收了数量众多的乡村剩余劳动力,农民从乡镇企业中获得的工资性收入持续增长,农民纯收入中工资性收入的比重越来越高,可见乡镇企业对农民纯收入的贡献越来越大,因此,用金融机构对乡镇企业的贷款比重来衡量农村正规金融机构贷款资金的分配。

(2)数据来源。由于本书数据收集的时间跨度较长,随着我国金融体系的改革和发展,以及统计方法的变化,不同年份对农村贷款余额、农村存款余额、乡镇企业总产值的计算略有所不同,具体数据收集如下。

第一,1978—2008年的农民人均纯收入和消费者价格指数(同比)的数据来自《新中国60年统计资料汇编》,2009年的数据来自《2010年中国统计年鉴》。

第二,1978—1993年的农村存款余额等于农村信用社和国家银行的农业存款余额与农户储蓄存款余额之和;农村贷款余额等于农村信用社和国家银行的农业贷款余额与乡镇企业贷款余额之和。[①] 数据来源于《中国金融年鉴》(1988年、1992年、1994年、1990年)。1994—2009年的农村存款余额为正规金融机构农业存款余额与农户储蓄存款余额之和;农村贷款

---

① 这段时期的主要计算国家银行和农村信用社的农村存贷款,因为保险公司、城市信用社、金融信托投资机构的农村存贷款余额较少且难以找到数据,所以忽略不计。国家银行包括中国人民银行、中国工商银行、中国农业银行、中国银行,1981年以后数据含中国建设银行,1987年以后数据含交通银行、中信实业银行。

为正规金融机构农业贷款余额与乡镇企业贷款余额之和。数据来自《中国金融年鉴》（1994 年、1997 年、1999 年、2001 年、2006 年、2008 年），《中国统计年鉴》（2010 年）。

第三，1978—1992 年农户手存现金数据来自《中国市场统计年鉴》（1993 年）。由于没有找到 1993 年以后的农民手存现金数据，所以，以 1992 年末农民手存现金作为 1993 年的年初农民手存现金，按照公式"年末农民手存现金 = 年初农民手存现金 + 农民现金收入 − 农民现金支出"计算 1993—2009 年的农民手存现金数据，其中，农民现金收入和农民现金支出数据来自《中国农村住户调查年鉴》（2010 年）。

第四，农村总产值为农林牧渔业总产值与乡镇企业总产值之和。1978—2008 年农林牧渔业总产值的数据来自《新中国 60 年统计资料汇编》，2009 年的数据来自《中国统计年鉴》（2010 年）。而 1978—1988 年的乡镇企业总产值数据来源于《中国乡镇企业年鉴》（1989 年），1989—1995 年的乡镇企业总产值数据来自《中国统计年鉴》（1996 年），1996—1997 年数据由来自于《中国乡镇企业年鉴》（1997—1998 年）的乡镇企业增加值与上一年的乡镇企业总产值相加，1998—2007 年的数据来自《中国乡镇企业年鉴》（1999—2008 年），2008—2009 年的乡镇企业总产值来自《中国乡镇企业及农产品加工年鉴》（2009—2010 年）。

由于从 2010 年起，国家统计局对于贷款的分类有所调整，使得农业贷款和乡镇企业贷款的数据难以获得，因此本书采用 1978—2009 年的数据。

5.2.2.2　实证分析

（1）计量分析。第一，ADF 单位根检验。对于时间序列变量，在对所有数据进行 VAR 方法分析之前，应对 VAR 系统所包含的数据进行单位根检验，以确定数据的平稳性。本书采用的是 ADF 检验。通过检验发现：RPCNI、RFIR、RFE、RFS 均为非平稳序列。对它们取一阶差分，如表 5 - 3 中 D（RPCNI）、D（RFIR）、D（RFE）和 D（RFS）所示，再进行检验。在 5% 显著水平下，它们的 ADF 检验值均小于其临界值，证明它们均是一阶单整的序列。

表5-3   ADF 检验结果

变量	检验类型[①] (C, T, L)	ADF 检验值	显著水平5%下 ADF 临界值	是否平稳
RPCNI	(C, T, 1)	-2.7219	-3.5684	否
D (RPCNI)	(C, 0, 0)	-3.0730	-2.9640	是
RFIR	(C, 0, 0)	-1.7937	-2.9604	否
D (RFIR)	(0, 0, 0)	-4.2986	-1.9525	是
RFE	(C, 0, 0)	-1.6209	-3.5629	否
D (RFE)	(0, 0, 0)	-5.9257	-1.9525	是
RFS	(C, 0, 0)	-1.4442	-3.5629	否
D (RFS)	(C, T, 0)	-6.5282	-3.5684	是

　　第二，协整检验。由于所有的变量都是一阶单整，因此可以对其进行协整检验，判断它们之间是否存在协整关系。本书采取 Johansen 协整检验，首先建立 VAR 模型，在 VAR 模型的基础上进行 Johansen 检验。建立 VAR 模型最重要的是确定最佳滞后阶数。表5-4 给出了各种 VAR 模型滞后阶数判断准则的统计结果。结果显示：当滞后阶数为 1（Lag = 1）时，LR 准则的统计值最大，而 FPE、SC、HQ 准则的统计值均为最小。综合各个检验结果可以确定最佳滞后阶数为 1 阶。

表5-4   VAR 模型滞后阶数判断结果

Lag	LR	FPE	AIC	SC	HQ
0	NA	1.33E-08	-6.7855	-6.5969	-6.7264
1	217.2094 **	4.76E-12 **	-14.7324	-13.7895 **	-14.4371 **
2	20.0535	5.65E-12	-14.6317	-12.9343	-14.1000
3	21.6996	5.31E-12	-14.8844 **	-12.4327	-14.1166

注：*、**、*** 表示系数分别在10%、5%、1%的水平下统计显著。

　　在确定滞后阶数之后，进行 Johansen 协整检验。Johansen 检验的滞后阶数等于 VAR 模型的最优滞后阶数减去 1，所以可以确定为 0 阶。迹检验和最大特征根检验都表明 RPCNI、RFIR、RFE、RFS 之间存在一个协整关

　　① 检验类型是否保留截距项和趋势项是根据 ADF 检验的三个模型中得到的截距项和趋势项的 t 统计值是否显著综合考虑的。其中 C 表示含截距项，T 表示含趋势项，L 为滞后阶数。滞后阶数根据 AIC 信息准则确定。

系，即存在长期稳定关系，如表 5 – 5 所示。

表 5 – 5　　　　　　　　　**Johansen 协整检验结果**

协整向量个数的原假设	特征值	迹统计量（p 值）	最大特征值统计量（p 值）
R = 0	0.719310	74.78577（0.0046）**	39.38564（0.0054）**
R ≤ 1	0.488201	35.40014（0.2290）	20.76452（0.2023）
R ≤ 2	0.331702	14.63561（0.6049）	12.49367（0.3706）
R ≤ 3	0.066762	2.141942（0.9593）	2.141942（0.9593）

注：*、**、*** 表示系数分别在 10%、5%、1% 的水平下统计显著。

第三，格兰杰因果检验。基于 VAR 模型，对 RPCNI、RFIR、RFE、RFS 进行格兰杰因果检验，格兰杰因果检验的实质是检验一个变量的滞后变量是否可以引入其他变量的方程中。表 5 – 6 为格兰杰因果检验的结果。从表中可知，在 5% 的显著水平下，农村金融相关率（RFIR）是农民收入的格兰杰原因，农村金融效率（RFE）和农村金融结构（RFS）不是农民收入的格兰杰原因。而农民收入是农村金融效率（RFE）和农村金融结构（RFS）的格兰杰原因，不是农村金融相关率（RRIR）的格兰杰原因。总体上来说，农村金融发展的滞后水平对农民收入是有影响的，而且农民收入的滞后水平对农村金融发展也是有影响的。

表 5 – 6　　　　　　　　　**格兰杰因果检验结果**

零假设	最优滞后期	F 统计值	P 值
RFIR 不是 RPCNI 的格兰杰原因	3	3.92046	0.0220**
RPCNI 不是 RFIR 的格兰杰原因	1	0.04764	0.8288
RFE 不是 RPCNI 的格兰杰原因	4	1.30803	0.3026
RPCNI 不是 RFE 的格兰杰原因	4	2.95686	0.0468**
RFS 不是 RPCNI 的格兰杰原因	1	2.14243	0.1544
RPCNI 不是 RFS 的格兰杰原因	1	6.24671	0.0186**

注：*、**、*** 表示系数分别在 10%、5%、1% 的水平下统计显著。

第四，拟合 VAR 模型。选择滞后 1 期，对 VAR 模型进行回归，回归方程的系数如表 5 – 7 所示。从回归系数和 t 统计值可以看出，一方面，滞后一期的农村金融相关率对农民纯收入有显著负向影响，但与滞后一期的农村金融效率和农村金融结构的对农民纯收入的影响是不显著的；另一方面，滞后一期的农民收入对农村金融效率的是显著负向的影响，而滞后一期的农民纯收入对农村金融相关率和农村金融结构的影响不显著。

表 5 - 7 VAR 模型的回归系数

被解释变量	解释变量				
	RPCNI（-1）	RFIR（-1）	RFE（-1）	RFS（-1）	C
RPCNI 方程	0.9954 ***	-1.3654 **	0.0683	-0.3186	0.4067 **
	(38.2914)	(-1.9019)	(0.4167)	(-1.2551)	(1.9398)
RFIR 方程	-0.0027	0.8356 ***	-0.0209	0.0046	0.0562 *
	(-0.6194)	(6.9377)	(-0.7604)	(0.1092)	(1.5991)
RFE 方程	-0.0878 ***	1.5900 **	0.4489 ***	0.7168 **	0.5272 **
	(-3.2938)	(2.1591)	(2.6699)	(2.7532)	(2.4515)
RFS 方程	-0.0021	-0.7476 **	0.1126 *	0.7567 ***	0.1252
	(-0.1652)	(-2.1234)	(1.4009)	(6.0792)	(1.2174)

注：括号里的数值为每个系数的 t 统计值。 * 、 ** 、 *** 表示系数分别在 10% 、 5% 、 1% 的水平下统计显著。

第五，脉冲响应函数和方差分解分析。基于 VAR 模型，利用脉冲响应函数方法（Impulse Response Function，IRF），进一步探索二者之间的动态关系。本书采用 Pesaran 和 Shin（1998）构建的不依赖于 VAR 模型中变量次序的正交的残差矩阵，即广义脉冲。图 5 - 6 显示，第一，当在本期给

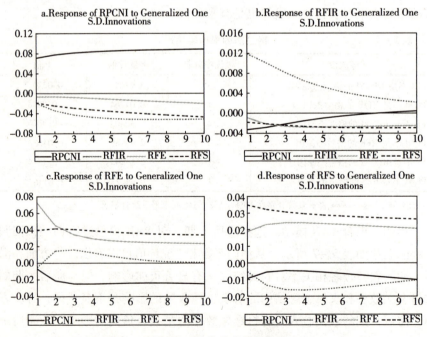

图 5 - 6 脉冲响应函数分析

RFIR 一个冲击时，对农民人均收入有负向的影响，在第 3 期之后这种影响持续并保持稳定；而当给 RFE 和 RFS 一个冲击时，对农民收入也有负向影响，但影响略小，并逐渐增大。其次，农民人均收入的冲击对自身有正向影响，并在两期之后基础稳定。第二，农民人均收入的一个冲击对 RFIR 有负向影响，但是很小，并且，在第 8 期后开始产生正向影响；而给农民人均收入一个冲击后，对 RFE 有负向影响，在第 3 期达到最大影响，并且持续到更长的滞后期。农民人均收入的一个冲击对 RFS 有一个负向影响，在第 2 期影响最小，然后逐渐增大。

　　方差分解也是建立在 VAR 模型之上，可以分析农村正规金融发展和农民收入对彼此的贡献程度，结果如图 5-7 所示，前三个图表示的是 RFIR、RFE 和 RFS 对农民收入波动的贡献率，后三个图代表的是农民收入对RFIR、RFE 和 RFS 波动的贡献率。一方面，农村金融相关率对农民收入波动的贡献率逐期增大，最多达到 10%，而农村金融效率对农民收入波动的贡献几乎为零，农村金融结构对农民收入波动影响也较小。另一方面，农民收入对农村金融发展波动有相对较大的贡献率，农民收入对农村金融相关率波动的贡献率接近 10%，而对农村金融效率波动的贡献达到了 20%，

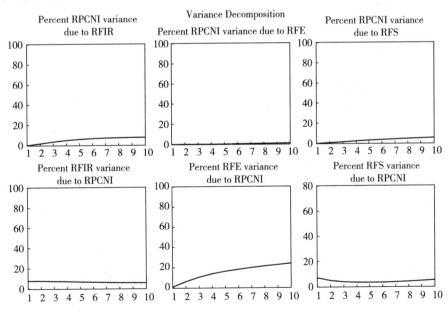

图 5-7　方差分解分析

对农村金融结构波动的贡献较小。

（2）结果分析。通过以上的计量分析，可以发现1978—2009年我国农村正规金融发展与农民收入的关系，结果分析如下：

第一，农村正规金融相关率对农民纯收入有显著性的负效应，农村正规金融发展效率对农民纯收入没有显著性的影响。这是因为农村正规金融机构并没有真正服务于农村经济和农户，农村资金存在着外流现象。为了服从工业化和城市化建设的发展战略，正式金融机构成为输出农村储蓄的媒介，直接或间接地不断转移农户的金融资产和剩余，导致农村金融资产严重匮乏。图5-8显示，从1994年开始，农村正规金融机构的存贷比一直处于下降趋势，到2009年仅为48.0%，超过一半的农村存款没有用于满足农村借贷需求，导致农民收入增长缓慢。因此，农村金融发展水平提高了，农民收入也没有快速增长，过低的农村金融效率对农民收入没有影响。

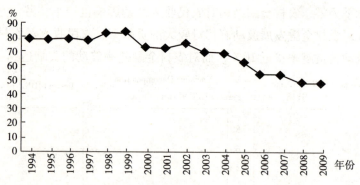

图5-8 农村金融效率（RFE）发展趋势

第二，农村金融结构对农民纯收入的影响不显著。这是因为乡镇企业一直难以从正规金融机构中获得贷款。图5-9显示，我国正规金融对乡镇企业贷款比重呈现下降趋势，从1997年的60.3%下降为2009年的29.5%。由于乡镇企业大多是中小企业，没有建立现代企业制度，财务管理不规范，无法建立贷款信用，农村正式金融组织对其贷款存在非常高的交易成本，信贷风险的防控难度较大，所以农村正规金融机构出于盈利性考虑，乐于向城市和富人发放贷款，对农户和乡镇企业贷款却非常谨慎。乡镇企业贷款难使其发展受到了限制，农民的工资性收入增长缓慢，因此，乡镇企业贷款难以对农民收入产生正向影响。

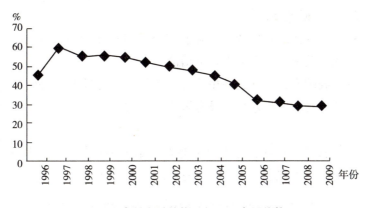

图5－9　农村金融结构（RFS）发展趋势

第三，农民纯收入对农村正规金融相关率和农村正规金融结构没有显著性的影响，这和农民收入低有一定的关系。根据 Patrick（1966）的观点，当经济趋于成熟时，经济增长会增加储蓄和投资，从而促进金融发展。但我国农村经济发展水平较落后，农民收入相对城市居民收入偏低，而且，农民微薄的收入主要用于满足日常生活消费需要，据国家统计局数据，2011 年，农民人均总支出为 8 641. 63 元，其中消费支出为 5 221. 13 元，人均纯收入为 6 977. 29 元，农民消费支出占总支出的比例高达 60. 4%，占纯收入的比例为 74. 8%，农民没有足够的闲置资金进行储蓄和投资，难以对农村金融相关率和农村正规金融结构产生影响。

第四，农民纯收入对农村正规金融效率有显著性的负向影响。一方面，因为农民对银行储蓄的偏好，随着收入的增加，农民把更多的资金存入正规金融机构，使得正规金融机构储蓄存款大幅度增加，而农村贷款增长不及储蓄存款增长，从而农村正规金融效率降低。另一方面，根据黄宗智"拐杖逻辑"，对于小农家庭而言，全部收入的主体部分仍然是农业收入，非农收入作为"拐杖"，在农业收入不好的时候支持农民生活支出，一旦小农家庭维持生计费用大于家庭农业收入和非农收入，就会产生信贷需求。可见，如果小农产生信贷需求的这个条件成立，那么就可以确认，大部分农户的信贷需求是救助性（或者维生性）的。因此，随着农民纯收入的增加，其收入足以满足生活所需，农民的信贷需求就减少，向农村正规金融机构贷款就相应减少，从而农村正规金融效率会下降。

5.2.2.3 研究结论

根据以上的实证分析结果，关于 1978—2009 年我国农村正规金融发展与农民收入的关系，可以得出以下结论：

第一，我国农村正规金融相关率对农民收入有显著性的负效应，农村正规金融效率对农民收入几乎没有影响，农村正规金融结构对农民收入影响不显著。

第二，农民收入对农村正规金融发展水平和农村金融结构没有影响，农民收入对农村正规金融发展效率有负向影响。

5.2.3 正规借贷对农户生产的影响远远小于民间借贷

本节利用 2006—2010 年中共中央政策研究室、农业部农村固定观察点两万多农户的微观面板数据，从二元金融结构和区域差异的角度，实证分析正规借贷与民间借贷对农户生产的影响，考察正规借贷与民间借贷对农户生产的影响程度和方向以及区域差异性，客观评价农村正规金融机构对农户生产借贷满足情况，期望能够促进农村正规金融机构双重目标兼顾。

（1）引言。据国家统计局 2012 年国民经济和社会发展统计公报显示，2012 年全社会固定资产投资 374 676 亿元，比上年增长 20.3%，扣除价格因素，实际增长 19.0%。其中，固定资产投资（不含农户）364 835 亿元，增长 20.6%；农户投资 9 841 亿元，增长 8.3%。农户投资增长率相对于固定资产投资增长率偏低，因此，必须促进农户发展生产性投资。农户信贷是促进农户发展生产性投资的重要手段。农户投资的资金来源主要是自有收入和农业贷款，农业信贷资金是否充足很大程度上影响着农户投资的多少（郭敏、屈艳芳，2002）。不管是正规借贷还是民间借贷，都在相当程度上缓解了农户的流动性约束，促进了农户发展生产性投资。

我国作为最大的发展中国家，金融结构具有明显得二元性，即存在正规金融和民间金融两大部门。农户的借款来源主要来自正规金融部门和民间金融部门。前者包括农户从银行和信用社得到的借款，后者指农户从亲友、民间金融组织、其他经济组织等得到的借款。由于农村正规金融管理体制和产权制度存在缺陷等问题，导致其不能有效地满足农户的信贷需求，这也为农村民间金融的发展提供了巨大的发展空间。目前，农户的信贷资金主要由非正规金融部门提供。据全国农村固定观察点调查数据显示，2009 年正规金融部门提供的正规借贷占比 37.09%，民间金融部门提供的私人借贷占比为 61.68%，正规借贷占比从 2000 年的 29.53% 上升至 2009 年的 37.09%，说明随着农村金融体制改革的深入，农村正规金融机构对农户的借贷服务有所改善。民间借贷占比由 2000 年的 68.64%，逐年下降，2009 年下降到 61.68%。图 5 - 10 显示，民间借贷以无息借贷为主。民间借贷中无息借贷占比存在上升趋势，无息借贷占民间借贷的比重由 2000 年的 52.24%，逐年上升，2009 年上升到 66.11%，说明民间借贷还是以亲情友情为特征，基于地缘乡缘血缘的互助性借款为主。

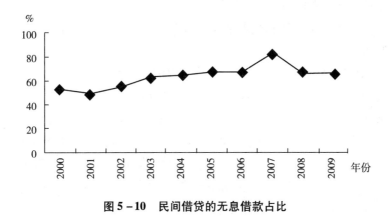

图 5 - 10　民间借贷的无息借款占比

　　研究正规借贷与民间信贷对农户生产的影响，有助于认清正规借贷和民间借贷对促进农户发展生产的重要意义。目前，信贷对农户生产投资影响的文献资料较少，主要文献有，郭敏、屈艳芳（2002）对农户投资与农业信贷的关系做出实证分析，发现在 1990—2000 年间，农户投资与农户可获得的信贷有着很强的依赖关系；姚耀军（2005）实证分析表明，信贷资金对农户投资有着重要的作用。农村长期的金融抑制使得农户投资缺乏金融支持。为了加强对农户投资的金融支持，应加快农村信用社改革的步伐、放松对非正规金融的管制、大力发展小额信贷以及充分发挥政策性金融的职能。刘承芳、张林秀、樊胜根（2002）实证研究表明，民间借贷对农户的农业生产性投资具有极其显著的影响。刘荣茂和马林靖（2006）实证分析表明，信贷能力是显著影响农户进行生产性投资规模大小的因素之一。马晓青等（2010）实证研究了信贷抑制对于农户的投资效率造成的后果。结果表明，受到信贷抑制的农户的投资回报远远高于未受到信贷抑制的农户，投资效率存在很大的改进余地。关于正规借贷与民间借贷对农户生产影响的研究，国内外学者研究更少，尤其是利用中共中央政策研究室、农业部农村固定观察点两万多农户的微观面板数据，从二元金融结构和区域差异的角度，研究正规借贷与民间借贷对农户生产的影响的研究文献更少。本书利用 2006—2010 年中共中央政策研究室、农业部农村固定观察点两万多农户的微观面板数据，从二元金融结构和区域差异的角度，实证分析正规借贷与民间借贷对农户生产的影响，考察正规借贷与民间借贷对农户生产的影响程度和方向以及区域差异性，期望能够为农村金融理论研究和政策制定提供参考。

（2）计量模型构建和数据来源。本书构建了农户生产性支出的计量经济模型如下：

$$INVESTMENT_{it} = \beta_0 + \beta_1 INCOME_{it} + \beta_2' LOAN_{it} + u_{it} \qquad (5-2)$$

式中，$INVESTMENT$ 指农户的生产性支出。$INVESTMENT$ 主要包括农户的家庭经营费用和购置生产性固定资产支出，这实际上就是农户的生产性投资。$INCOME$ 是控制变量，指农户的家庭经营收入。$LOAN$ 是一个 2×1 的列向量，$LOAN$ 是农户借入款，它包含两个结构变量。一个是农户从正规金融机构所获得的贷款，包括银行贷款和农村信用社贷款，即正规借贷，用 bankloan 表示；另一个是农户从正规金融机构以外的其他途径获得的借款，即私人借贷，或者称为民间借贷，用 priloan 表示。在控制农户家庭经营收入的基础上，考察正规借贷与私人借贷对农户生产性投资的影响。

我国不同区域的经济发展水平差别较大，东部地区比较发达，中西部比较落后，为了实现全国经济均衡发展，国家制定了西部大开发、振兴东北老工业基地和中部崛起等区域发展战略，因此本书将全国也分成 4 个区域：东部、西部、中部和东北。① 以东北地区为基组，建立 3 个虚拟变量：east、west 和 central。作者希望了解不同的区域正规借贷与民间借贷对农户生产影响差异，为此把这三个虚拟变量分别与变量 bankloan 和 priloan 相乘，从而产生了六个新的变量：east_bankloan、east_priloan、west_bank-

---

① 东北地区包括辽宁、吉林、黑龙江；中部地区包括安徽、河南、湖南、湖北、山西、江西；西部地区包括广西、贵州、陕西、云南、宁夏、新疆、青海、内蒙古、甘肃、重庆、四川；东部地区包括北京、天津、山东、广东、福建、上海、江苏、浙江、河北、海南。

loan、west_priloan、central_bankloan 和 cantral_priloan。这样，式（5-2）就变成了式（5-3）[①]

$$INVESTMENT_{it} = \beta_0 + \beta_1 INCOME_{it} + \beta_2' LOAN_{it} + \beta_3' DISTRICT_{it} + u_{it}$$

$$(5-3)$$

式中，DISTRICT 是 6×1 列向量，它包含 6 个结构变量，即 east_bank-loan、east_priloan、west_bankloan、west_priloan、central_bankloan 和 cantral_priloan。

本书利用 2006—2010 年中共中央政策研究室、农业部农村固定观察点的农村家庭入户调查数据，属于以农户家庭为单位的微观面板数据。样本涵盖中国大陆 31 个省、市、自治区的 2 856 个县，共包括 23 477 个农户家庭，历时 5 年，总体样本容量达到 102 421。大样本保证了计量模型估计和检验的准确性。有一些样本点的数据不能维持 5 年，但保留这些数据，所以数据是不平衡的面板数据。

（3）计量和结果分析。基于式（5-3）进行计量分析，分别考察农户通过正规金融部门获得的贷款即银行贷款和私人借贷对农户生产的影响。

一般来说，对于面板数据，有三种估计方法：（1）混合回归；（2）固定效应模型；（3）随机效应模型。我们需要对估计参数时适用的模型进行检验。

表 5-8 检验结果显示，固定效应模型更合适。所以本书使用如下固定效应模型进行回归和检验：在固定效应模型中，除了个体固定效应外，理论上还应考虑时间固定效应，可以加入一个时间趋势项，这个时间趋势项仅依时间而变化，而不依个体而变化，也可以对每个时期定义一个虚拟变量，然后把 T-1 个时间虚拟变量包括在回归方程中。但考虑到我们的样本时间维度较短，T 仅等于 5，没有理由相信在此期间的农户的生产性投资会发生显著变化，因此没有考虑时间效应。

表 5-8　　　　　　　估计式（5-3）适用模型之检验结果

	检验方法	检验统计量	Prob.	适用模型
混合 OLS 回归模型与 FE 模型之比较	F 检验	F（2 522，1 604）= 1.65	0.0000	FE

[①] 影响农民生产性支出的因素很多，但受限于数据的可获得性，这里我们只控制了收入这个最重要的变量。

续表

	检验方法	检验统计量	Prob.	适用模型
混合 OLS 回归模型与 RE 模型之比较	BP 检验	$\chi^2(1) = 110.50$	0.0000	RE
FE 模型与 RE 模型之比较	Hausman 检验	$\chi^2(2) = 458.74$	0.0000	FE

考虑到对面板数据模型进行估计时可能会同时存在异方差和序列相关，从而对估计结果产生一定的偏差，需要对异方差和序列相关进行检验，表 5－9 列出检验结果。

表 5－9　　　　　　　检验异方差和序列相关的结果

检验方法	检验值	Prob.
修正的 Wald 检验	$\chi^2(2\ 523) = 3.6e + 37$	0.0000
Wooldridge 自相关检验	$F(1\ 269) = 0.979$	0.3232

根据检验结果，对式（5－3）进行估计时，存在严重的异方差，但不存在序列相关。这个结果并不意外，因为本书利用的数据横截面方面非常大，而时间序列方面则较短。为了消除异方差对固定效应模型估计结果的影响，我们仍然对固定效应模型进行回归分析，但使用 Driscoll－Kraay 稳健标准误差，修正后的回归结果在表 5－10 的列（1）。为了做出对照分析，在表 5－10 的列（2）也列出了未修正异方差的固定效应模型的回归结果。

基于表 5－10 报告的回归结果，可以看出，列（1）与列（2）相比，各变量的系数估计值相同，但列（2）中 t 统计量的 p 值明显较低，显然，修正异方差后固定效应模型的回归效果得到很大提升。因此，利用 Driscoll－Kraay 稳健标准误差来修正异方差的效果是明显的。

表 5－10　　　　　　　回归结果

解释变量	被解释变量：INVESTMENT	
	（1）修正异方差	（2）未修正异方差
LOAN		
bankloan	0.1862 ***	0.1862 *
	(3.00)	(1.80)
priloan	0.6320 ***	0.6320
	(3.47)	(1.45)

续表

解释变量	被解释变量：INVESTMENT	
	（1）修正异方差	（2）未修正异方差
DISTRICT		
east_bankloan	0.4375 ***	0.4375 ***
	(3.80)	(3.63)
east_priloan	0.0966	0.0966
	(0.40)	(0.22)
west_bankloan	1.5741 ***	1.5741 ***
	(21.20)	(7.09)
west_priloan	− 0.43298 ***	− 0.4298
	(− 2.53)	(− 0.96)
central_bankloan	0.7486 ***	0.7486 **
	(15.18)	(2.49)
central_priloan	− 0.1497	− 0.1497
	(− 1.02)	(− 0.34)
控制变量 INCOME	0.6266 ***	0.6266 ***
	(30.78)	(33.10)
constant	− 4 012.038	− 4 012.038 ***
	(− 1.63)	(− 3.99)
within R − squared	0.520	0.520

注：括号内是各变量系数估计值 t 统计量，∗、∗∗、∗∗∗ 表示系数分别在10%、5%、1%的水平下统计显著。

从表 5 – 10 中列（1）的结果，可以得到以下几点重要发现。

首先，对于被解释变量生产性投资（INVESTMENT），银行贷款（bankloan）的系数在1%的水平具有统计显著性。这说明正规金融机构提供的正规借贷对农户生产性投资有重要影响。农村正规金融机构对农户提供正规借贷主要是满足农户的生产经营需要，所以对农户生产具有促进作用。

其次，在对方程的估计结果中，私人借贷（priloan）的系数也在1%的水平统计显著，系数的估计值是 0.632。这说明农户从非正规金融部门获得的借贷资金对农业生产投资有显著的正向影响。当农村正规金融部门无法有效满足农户的生产的借贷资金需要时,农村民间金融部门作为其有益的补充,向农户提供私人借贷资金,满足其生产支出需要。农户很难从农村正规金融机构获得贷款,所以民间借贷对农户的生产具有促进作用。

再次,由三个地区虚拟变量和两个连续变量的交互项构成的 6 个变量的系数大多数都是统计显著的,这说明我国正规借贷与民间借贷对农户的生产投资的影响在东北、东部、中部和西部这四个区域之间存在较大差异。由表 5 - 10 的列(1)的结果可知,可以看出 east_bankloan、west_bankloan 和 central_bankloan 这三个变量的系数估计值均为正值,而且都在 1% 的显著性水平通过了 t 检验,这说明东部、中部和西部正规借贷对农户生产的影响幅度均显著高于东北地区。另外,从这三个估计值的具体数值来看,在四个区域中,正规借贷对农户的生产投资支出影响最大的是西部地区,其次是对中部地区,再次是东部地区,这种影响最小的地区是东北地区。中西部地区农村居民的主要收入是家庭经营收入,农户借贷主要也是用于农业生产,非正规金融也不发达,农户融资渠道狭窄,用于发展生产的资金主要依靠农村正规金融机构解决,因此正规借贷对农户生产的正向效应较大。东部地区农村居民的主要收入是工资性收入,非正规金融比较发达,农户有更多的融资渠道,因此,正规借贷对农户生产的正向效应相对较小。东北地区农村居民的收入主要是家庭经营收入,工资性收入较少。东北地区过去是我国的重工业基地,集体农场占农业很大比重,农户占比则比较低,因此,正规借贷对农户生产的正向效应较小。另外,由虚拟变量和 priloan 的交互项构成的 3 个变量中,仅有 west_priloan 的系数统计显著,它的估计值是 - 0.43,说明西部地区农户私人借贷对其生产性投资支出的影响显著低于东北地区。这说明西部地区的民间借贷非常不发达,这与西部地区的经济发展落后和市场化程度较低有一定关系。

据国家统计局数据显示,2011 年农村居民人均纯收入最高的地区为东部地区,为 9 585.0 元,东北地区和中部地区分别处于二、三位,东北地区为 7 790.6 元,中部地区为 6 529.9 元,而西部地区最低,为 5 246.8 元。从表 5 - 11 可以看出,家庭经营收入占比最高的地区是东北地区,其次是西部地区,再次是中部地区,最低是东部地区。工资性收入占比最高的地区是东部地区,其次是中部地区,再次是西部地区,最低是东北地区。财产性收入占比最高的地区是东北地区,其次是东部地区,再次是西部地区，最低是中部地区。转移性收入占比最高是西部地区，其次是东北地区，再次是东部地区，最低是中部地区。

表 5 - 11　　　　　　　2011 年农村居民人均纯收入构成　　　　　　单位:%

项目	东部地区	中部地区	西部地区	东北地区
家庭经营收入	35. 94	48. 77	53. 00	59. 94
工资性收入	52. 32	43. 03	34. 52	25. 94
财产性收入	4. 25	1. 70	2. 62	5. 23
转移性收入	7. 50	6. 51	9. 86	8. 89

注: 数据来源于《2012 年中国住户调查年鉴》。

（4）研究结论。本书基于农户的微观面板数据，实证分析了我国农村正规借贷与民间借贷对农户生产性投资的影响。通过计量分析，得出以下主要结论。

第一，正规借贷和民间借贷对农户的生产均具有显著的影响，即农户无论是从银行系统还是从私人渠道获得资金都会使得生产性投资大幅增加，但相对而言，民间借贷对农户生产的影响比正规借贷的影响更大。

第二，正规借贷对农户生产的影响在各地区之间存在显著的差异性。在西部和中部地区，正规借贷对农户生产的正向效应较大，而在东部和东北地区，这种正向效应相对较小，但民间借贷对农户生产的正向效应在各地区之间不具有明显的差异。

5.2.4　农户的贷款需求与农村正规金融机构的信贷供给不匹配

（1）农户很难从农村正规金融机构获得消费贷款。目前，农户从农村正规金融机构很难获得消费贷款，因为农村正规金融机构认为农户收入不确定性因素较多，农户消费大多用于婚丧嫁娶等消费，难以产生新的现金流来确保消费性贷款的顺利归还。一般来说，农户借入款用途可以分为生活性借款和生产性借款两大类，前者主要是指农户用于看病、婚丧嫁娶、子女教育、盖房等生活性领域的借款，后者是指农户用于生产投资活动的借款。农户生活性借款占比远超过生产性借款占比。据全国农村固定观察点调查数据显示，2009 年生活性借款占农户借入款的 61.55%，生产性借款占农户借入款的 38.45%。表 5 - 12 和图 5 - 11 显示，农户生活性借款占比有上升趋势，而生产性借款占比有下降趋势。

表5−12   2000—2009年农户借入款用途构成

年份	生活性借款（万元）	生产性借款（万元）	合计	生活性借款占比（%）	生产性借款占比（%）
2000	717. 33	733. 33	1 450. 66	49. 45	50. 55
2001	913. 92	564. 45	1 478. 37	61. 82	38. 18
2002	674. 15	741. 42	1 415. 57	47. 62	52. 38
2003	860. 64	849. 29	1 709. 93	50. 33	49. 67
2004	758. 90	868. 56	1 627. 46	46. 63	53. 37
2005	866. 00	848. 10	1 714. 10	50. 52	49. 48
2006	1 000. 10	782. 80	1 782. 9	56. 09	43. 91
2007	999. 20	819. 60	1 818. 80	54. 94	45. 06
2008	1 174. 56	1 084. 85	2 259. 41	51. 99	48. 01
2009	1 467. 51	916. 81	2 384. 32	61. 55	38. 45

注：数据来源于中共中央政策研究室、农业部农村固定观察点办公室编：《全国农村固定观察点调查数据汇编（2000—2009年）》，北京，中国农业出版社，2010。

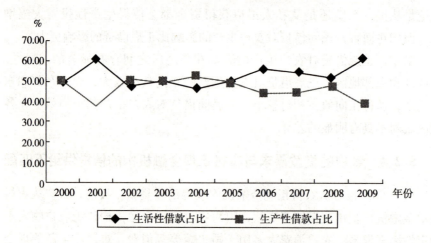

图5−11　生产性借款和生活性借款占比

（2）农村正规金融机构农户贷款与农户借贷需求不匹配。2012年中国金融统计年鉴数据显示，截至2011年末，金融机构本外币涉农贷款余额146 016亿元，占各项贷款的25.1%，当年新增贷款27 270.6亿元，占各项贷款的34.6%，同比增长24.9%。农村贷款121 468.9亿元，占各项贷款的20.9%，当年新增贷款22 508.5亿元，占各项贷款的28.6%，同比增长24.7%。农户贷款31 023亿元，占各项贷款的5.3%，当年新增贷款

5 079 亿元，占各项贷款的 6.4%，同比增长 19.1%。

第一，农户贷款主要是生产经营贷款。农户贷款按照用途分类，可以分为农户生产经营贷款和农户消费贷款。截至 2011 年末，农户生产经营贷款 25 847 亿元，占各项贷款的 4.4%，当年新增贷款 4 024 亿元，占各项贷款的 5.1%，同比增长 17.8%。农户消费贷款 5 176 亿元，占各项贷款的 0.9%，当年新增贷款 1 055 亿元，占各项贷款的 1.3%，同比增长 26.1%。以上数据反映农户贷款主要是生产经营贷款，占农户贷款的 83.32%，消费贷款较少，占农户贷款的 16.68%。

第二，农户贷款方式主要是保证贷款和抵押贷款。农户贷款按照信用形式分类，可以分为信用贷款、保证贷款、抵押贷款和质押贷款。截至 2011 年末，农户信用贷款 4 886 亿元，占各项贷款的 0.8%，当年新增贷款 164 亿元，占各项贷款的 0.2%，同比增长 2.6%，其中，农户小额信用贷款 3 278 亿元，占各项贷款的 0.6%，当年新增贷款 182 亿元，占各项贷款的 0.2%，同比增长 5.4%；农户保证贷款 14 559 亿元，占各项贷款的 2.5%，当年新增贷款 1 966 亿元，占各项贷款的 2.5%，同比增长 14.8%，其中，农户联保贷款 3 453 亿元，占各项贷款的 0.6%，当年新增贷款 448 亿元，占各项贷款的 0.6%，同比增长 13.8%；农户抵押贷款 11 021 亿元，占各项贷款的 1.9%，当年新增贷款 2 791 亿元，占各项贷款的 3.5%，同比增长 34.6%；农户质押贷款 558 亿元，占各项贷款的 0.1%，当年新增贷款 159 亿元，占各项贷款的 0.2%，同比增长 37.6%，以上数据反映农户贷款主要是保证贷款和抵押贷款，保证贷款占农户贷款的 46.93%，其中农户联保贷款占保证贷款的 23.72%，抵押贷款占农户贷款的 35.53%。信用贷款和质押贷款所占比重较低，信用贷款占农户贷款的 15.75%，其中农户小额信用贷款占信用贷款的 67.09%，质押贷款占农户贷款的 1.80%。

（3）农业贷款占比偏低。农业是国民经济的支柱产业，只有强化农业发展基础，实现农业增产、农民增收、农村繁荣，才能为经济社会全面协调可持续发展奠定坚实基础。图 5 - 12 显示，农业贷款占各项贷款的比重有下降趋势。据《2012 年中国统计年鉴》数据，截至 2011 年末，金融机构本外币农林牧渔贷款余额 24 436 亿元，占各项贷款的 4.2%，当年新增贷款 2 937 亿元，占各项贷款的 3.7%，同比增长 13.7%。目前，我国农业增加值占 GDP 的比重为 10% 以上，而 2011 年农业贷款占各项贷款的 4.2%，2010 年新增农业贷款占农业增加值的 8.77%，农业贷款余额占农业增加值的 56.85%，以上数据说明，农业贷款与农业增加值占比不相匹配，农业贷款偏少。

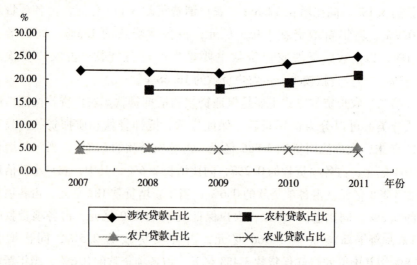

图 5 – 12　"三农"贷款占比

5.3　本章小结

从机构视角来看，农村合作金融机构财务可持续状况有较大改善，而服务"三农"信贷状况没有实质性改善。上市后中国农业银行财务可持续状况有较大的改善，但服务"三农"信贷不但没有改善反而下降了。中国农业发展银行财务可持续状况得到改善，主要原因是内部管理水平提高和农业商业性信贷业务开展，但农业商业性信贷业务对农业政策性信贷业务产生排挤。新型农村金融机构财务可持续状况不断改善，对农户和小微企业信贷服务较好，但目前新型农村金融机构发展速度缓慢而且地区分布不合理。

从农户视角来看，正规借贷服务不足，导致民间借贷成为农户主要信贷资金来源。正规借贷对农户生产的影响远远小于民间借贷。农户的贷款需求与农村正规金融机构的借贷供给不匹配。从机构视角和农户视角分析和评价可以得出结论，农村正规金融机构双重目标兼顾存在不均衡问题。

第六章 农村正规金融机构双重目标兼顾不均衡原因分析

在对农村正规金融机构双重目标兼顾状况进行分析和评价的基础上，本章从农户、农村正规金融机构和政府三个方面来分析农村正规金融机构双重目标兼顾不均衡的原因。农村正规金融机构双重目标兼顾不均衡主要有主观和客观两方面的原因。客观上，农村金融业务交易成本高、风险大和盈利低，从事农村金融业务不利于农村正规金融机构实现财务可持续。农村正规金融机构自身经营管理水平低，业务创新能力不足，尤其是新型农村金融机构吸收存款较难，缺乏有效服务农户和农村小微企业的能力。主观上，农村正规金融机构的业绩评价和考核体系重视财务绩效的评价和考核，对社会绩效缺乏评价和考核，导致农村正规金融机构逐利性较强，缺乏服务农户和小微企业的意愿。

6.1 "三农"金融业务的交易成本高、风险大和盈利低

本章以中国农业银行"三农"金融业务为例，分析"三农"金融业务的特点。

6.1.1 交易成本过高

由于农村农民居住分散，借款金额偏小，农村商业性金融机构与农户之间发生借贷的交易成本相对城市而言比较高，无法取得合理的回报，于是选择退出农村借贷市场。例如中国农业银行的"三农"金融业务的成本偏高。表6-1显示，截至2011年末，中国农业银行县域金融业务的业务及管理费占比为45.16%，而营业收入占比38.51%，利息净收入占比39.09%，手续费及佣金净收入占比36.39%，营业利润占比34.92%，税

前利润总额占比35.22%，^① 说明中国农业银行县域金融业务的成本开支与收入相比不相匹配，成本占比高于收入占比，从而导致中国农业银行没有积极性开展县域金融业务。

"三农"贷款额度小，形成不了规模经济。农业资金需求的特点是规模小、频率大，不具有规模经济。银行出于降低交易费用、提高规模经济的考虑不愿将资金借贷给农户。同时，农户向商业银行申请贷款手续较为繁杂，耗时耗力。

表6-1   **2011年中国农业银行县域金融业务利润表项目**
占中国农业银行利润表项目的比例   单位:%

营业收入占比	利息净收入占比	手续费及佣金净收入占比	业务及管理费占比	营业利润占比	税前利润总额占比
38.51	39.09	36.39	45.16	34.92	35.22

注：数据根据《中国农业银行年报》（2007—2011年）和中国农业银行首次公开发行股票（A股）招股说明书中数据计算得出。中国农业银行网址：http：//www.abchina.com/cn/。

6.1.2 信贷风险较大

由于"三农"信贷活动中，农村正规金融机构与农村微观经济主体之间存在信息不对称，农户和农村小微企业抵押物缺乏，容易产生道德风险和逆向选择，导致农村正规金融机构的信贷风险较大。

（1）信息不对称问题。农户和农村小微企业的各种信息分散在农村社区，大多数农村小微企业没有规范的会计核算制度和充分完整的信息披露，农村正规金融机构难以了解其经营状况和偿债能力。信息不对称带来道德风险和逆向选择，使农村正规金融机构的信贷风险增加，所以对农户实行信贷配给。农村正规金融机构与农户及农村小微企业之间信息不对称的问题比较严重，很难解决。

（2）抵押物缺乏。在借款时，农户和小微企业没有被农村正规金融机构认可的抵押物，会增加农村正规金融机构的信贷风险。事实上，农民不

---

① 营业收入占比 = 县域营业收入/农行营业收入，利息净收入占比 = 县域利息净收入/农行利息净收入，手续费及佣金净收入占比 = 县域手续费及佣金净收入/农行手续费及佣金净收入，业务及管理费占比 = 县域业务及管理费/农行业务及管理费，营业利润占比 = 县域营业利润/农行营业利润，税前利润占比 = 县域税前利润/农行税前利润。

是没有抵押物，而是国家规定农村土地和房子不能抵押，即使能够抵押，也缺乏可以流通变现的市场。抵押品的提供可以有效地减少银行在借款人违约时的损失，所以农村正规金融机构出于风险考虑，不愿意给农户提供无抵押信用贷款。

（3）农业生产的高风险性和季节性。农业受到自然条件影响比较大，风险难以控制。农业生产的季节性决定了农村金融市场资金需求的季节性。

商业银行农、林、牧、渔业的不良贷款余额为 128.5 亿元，不良贷款比率为 2.35%，商业银行不良贷款率是 1.0%，以上数据表明，商业银行的农业贷款的信贷风险高于商业银行整体的信贷风险。又如，中国农业银行"三农"金融业务的不良贷款率偏高。中国农业银行的"三农金融事业部"2011 年的不良贷款率为 1.96%，拨备覆盖率为 241.78%，资产负债率为 94.60%；2011 年中国农业银行的不良贷款率为 1.55%，拨备覆盖率为 263.10%，资产负债率为 94.44%。通过对比可以发现，中国农业银行"三农"金融业务相对于中国农业银行而言，不良贷款率和资产负债率偏高，而拨备覆盖率偏低。

6.1.3　盈利水平偏低

农村正规金融机构从事"三农"信贷业务的盈利水平偏低，而导致农村正规金融机构从事农村金融业务盈利低的客观原因是农业资本收益率低，主观原因是农村正规金融机构的管理体制和机制不能适应农村经济发展的现实需要，经营方式僵化，缺乏灵活性。在服务农户和农村小微企业时缺乏创新意识、微型金融技术和手段。例如，中国农业银行"三农"金融业务的盈利水平偏低。2011 年中国农业银行的"三农金融事业部"成本收入比为 42.08%，平均资产回报率为 1.04%。2011 年中国农业银行的成本收入比为 35.89%，平均资产回报率为 1.11%。相对于中国农业银行整体盈利状况来说，"三农金融事业部"盈利水平有些偏低。

6.2　农村正规金融机构经营管理水平低，吸收存款难

6.2.1　产权制度缺陷

对于四类农村正规金融机构，农村合作金融机构的产权制度存在较大

问题。第一，农村合作金融机构省联社模式存在缺陷。目前运行的省联社主要存在以下缺陷：一是股权结构与法人治理结构不匹配。县联社是省联社的股东，应该由县联社通过股东代表大会、理事会选举产生省联社的高级管理人员，但现实正好相反，省联社任命县联社高管，股东和高管人员的责权不对称，县联社的股东权利被轻视和剥夺，目前，股东大会和社员大会都是徒有虚名，不论是资格股股东还是投资股股东都不可能真正行使权利和承担风险。二是省联社定位不清晰，职责边界模糊，政企不分。省联社既是受省政府委托对农村合作金融机构进行行业管理的行政性管理机构，又是一家经营农村金融业务的金融企业法人，政企不分，多种角色和身份并存。在前期探索中，金融监管当局和大部分专家学者已经深刻认识到，受农村政治经济制度、农村经济社会发展水平以及农村信用社历史发展路径影响，农村信用社早已不是合作制，并且也无法按照合作制原则将其规范为农村合作金融组织。第二，农村合作银行的问题。农村合作银行是由农民、农村工商户、企业法人和其他经济组织入股，以股份合作制形式组成的社区性金融机构。主要任务是为农民、农业和农村经济发展提供金融服务。股份合作制是建立在合作制的基础上，借鉴股份制管理机制的一种企业组织形式。股份合作制是力求融合股份制和合作制优点，舍弃二者的短处，但在实践中，股份制和合作制是很难有机融合在农村合作银行中。合作制强调社员之间的平等、民主和互利，而股份制则强调资本的回报和按出资额的大小行使股东权利，股东之间并不平等。因此，股份制与合作制在权利行使和利益分配上是矛盾的。在农村合作银行内部，代表合作制的权利与代表股份制的权利不太可能处于一种平衡状态，在股东回报和社员服务之间很难协调，有可能顾此失彼。

中国农业银行进行股份制改造并已经上市，从上市后的财务数据来看，财务绩效得到大幅提升，但服务"三农"的绩效并没有得到较大改善，"三农金融事业部"的体制和机制有待进一步深化改革。

6.2.2 公司治理水平低

农村正规金融机构的股权结构和治理结构不够完善，治理机制不健全。农村正规金融机构的人员整体素质不高，尤其是新型农村金融机构更加明显。如，村镇银行的从业人员大体可以分为两类：一类是新聘任上岗的应届大中专毕业生，另一类是从作为主发起人的银行业金融机构派遣来的工作经验比较丰富的老员工。前者刚刚上岗，银行从业经验缺乏，后者银行从业经验丰富，但对当地情况不够熟悉。

6.2.3　吸收存款难

在农村正规金融机构中新型农村金融机构吸收存款比较难。新型农村金融机构吸收存款难的原因是：第一，公众认知度不高。2007 年开始设立村镇银行，由于成立短，资产规模偏小，资本实力较弱，营业网点少，业务单一，对外宣传不足，农户和农村中小企业对其缺乏了解；农村资金互助社成立较晚，农户对农村资金互助社的认知程度比较低，而宣传认知和信用建立需要一个过程。第二，经济发展水平和制度规定的限制。由于村镇银行大多设立在县域，县域农户储蓄水平低，中小企业闲置资金较少，客观上限制了村镇银行吸收存款的空间。据本人调研结果显示，内蒙古自治区呼伦贝尔市村镇银行的存贷比偏高。2012 年村镇银行的存款余额51 952.05万元，与2009 年相比，增长了12.01 倍。贷款余额48 646.19 万元，与2009 年相比，增长了56.34 倍。贷款增长速度远远快于存款增长速度，说明村镇银行资金需求缺口较大。由于吸收存款难和融资渠道狭窄，导致2012 年呼伦贝尔市两家村镇银行的存贷比偏高，流动性风险加大。2012 年末，包商银行发起设立的两家村镇银行的存贷比都偏高，超过了存贷比75%的监管标准。村镇银行吸收存款的困难和融资渠道的狭窄，一定程度上制约了其发放贷款的规模和业务的开展。由于农村资金互助社只能吸收社员存款，而社员存款又受当地农村经济发展速度缓慢和农民收入低等因素制约，这就决定其吸收存款困难，也难以满足社员的正常合理的贷款资金需求。

6.3　农村正规金融机构逐利性强，业务创新能力不足

6.3.1　逐利性强

在财政部发布的财金［2011］50 号文件《金融企业绩效评价办法》中，可以发现，对农村正规商业性金融机构的考核指标主要是财务指标，如资本收益率、资产收益率等。对政策性金融机构的考核是比照商业银行

的标准，比较重视财务绩效的考核，在政策性目标的实现方面考核和评价比较欠缺。目前我国缺乏对农村正规金融机构的社会绩效评价体系。对于农村正规金融机构的社会绩效评价体系应该包括两方面内容，一方面是财务绩效，考察其财务是否可持续。另一方面是政策性功能的发挥。要求上市银行发布的社会责任报告，缺乏量化的指标评价体系。由于对社会绩效考核与评价的缺乏，农村正规金融机构从事服务"三农"信贷缺乏硬性指标约束，而考核高管业绩的指标主要是营利性、安全性和流动性等财务指标，从而使农村正规金融机构的逐利性较强，偏离了服务"三农"信贷的政策性目标。

6.3.2　业务创新能力不足

加快推进农村金融产品和服务创新，是全面改进和提升农村金融服务的重要手段。各地金融机构结合农村金融服务需求特点，积极创新"量体裁衣"式的金融产品，运用微贷管理等技术，积极扩大小额信用贷款和联保贷款的覆盖面，围绕地方支柱行业、特色产业开发产业链信贷产品，创新适合农村客户需要的结算工具等。在担保方式创新上，在法律允许、财产权益归属清晰的前提下，积极探索，有效扩大抵押担保范围；加强与保险机构合作，鼓励以政府资金为主体设立的各类担保机构为涉农业务提供融资担保。在涉农企业直接融资方面，先后推出支持农业产业化发展的结构化中期票据和短期融资券等创新产品；针对涉农中小企业盈利能力不强、资信评级较低的特点，利用集合授信、打包发行等方式，推进涉农中小企业发行集合票据；探索研究涉农资产支持票据等适合涉农企业的新型债务融资工具。目前，在全国范围内较有影响的创新产品和服务包括集体林权抵押贷款、大型农机具抵押贷款、农村特殊群体创业促就业的小额担保贷款、"信贷＋保险"产品、中小企业集合票据和涉农企业直接债务融资工具等。湖南耒阳油茶林权抵押贷款、吉林粮食涉农直补资金担保贷款、陕西订单农业和供应链融资、河南农村金融创新典型示范县建设、湖北咸宁"1＋1"金融模式创新都作出了地方特色（2012 年中国农村金融服务报告，2013）。

虽然农村正规金融机构在中国人民银行和银监部门指导下积极开展农村金融创新取得了一定成绩，但相对农村金融需求而言，业务创新能力依然不足，缺乏开展微型金融业务的技术和积极性，尤其是经营观念需要转变，经营范围和业务雷同，同质化竞争严重。农村正规金融机构提供的信贷产品不能适应农户和农村小微企业的需求。如安徽省凤台县一些农户认为农村正规金融机构的贷款利率偏高、额度小、还款期限短，不能适应当地农村经济发展的实际需要（张红宇等，2011）。农村正规金融机构给农户提供的贷款主要是生产经营贷款，发放的消费性贷款较少。表6-2是中国农村信贷需求主体的层次性、主要信贷需求特征与满足方式。

表6-2　　　　　　中国农村信贷需求主体的层次性、
主要信贷需求特征与满足方式

信贷需求主体层次			主要信贷需求特征	可用于满足信贷需求的一些主要方式和手段
农户	贫困农户		生活开支、小规模种养业生产贷款	民间小额贷款、小额信贷（包括商业性小额信贷）、政府扶贫资金、财政资金、政策性金融
	普通农户	传统种植养殖业农户	小规模种养业生产贷款需求、生活开支	自有资金、民间小额贷款、合作金融机构小额信用贷款、少量商业性信贷
		市场型农户	专业化、规模化生产和工商业贷款需求	自有资金、商业性信贷
企业	微型、小型企业		启动市场、扩大规模	自有资金、民间金融、风险投资、商业性信贷（结合政府担保支持）、政策性金融
	有一定规模企业		面向市场的资源利用型生产贷款需求	自有资金、商业性信贷
	龙头企业	发育初期的龙头企业	专业化技能型生产金融	商业性信贷、政府资金、风险投资、政策性贷款
		完整形式的龙头企业	专业化技能型规模化生产贷款需求	商业性信贷

资料来源：汪小亚：《农村金融体制改革研究》，北京，中国金融出版社，2009。

6.4　农村正规金融机构双重目标兼顾的制度和政策不完善

6.4.1　金融监管制度和政策缺陷

（1）农村金融法律的缺失。完善的农村金融法律是农村金融健康发展的保证。国际农村金融发展的实践表明，为了促进农村金融的发展，许多发达国家和发展中国家都制定并颁布了农村金融法律。农村金融法律随着农村正规金融机构的发展不断完善和充实。例如，我国尚未制定《合作金融法》，《中华人民共和国农民专业合作社法》也没有关于农民开展农村信用合作的条款。国外政策性金融机构都有独立的法律依据，它们在政府支持的产业方向和范围内独立决策和经营，是自主决策、自主经营、自担风险的独立法人。我国自1994年三家政策性银行成立以来，政策性银行的立法一直没有出台，对政策性银行的经营范围、运行规则、违规处罚等没有明确规定，政策性银行运行无制度约束（汪小亚，2009）。

（2）监管权限高度集中于中央政府。我国当前的金融监管体制，属于集权多头式，监管权限高度集中于中央政府，这种金融监管体制已不适应农村正规金融机构发展对金融监管的需要。例如，金融监管部门从监管成本、责任和风险的角度考虑，没有积极性和动力去发展由民营资本作为主发起人的村镇银行和农村资金互助社。

（3）市场准入过严。村镇银行的主发起人制度抑制了民间资本进入农村金融市场的积极性。单个自然人股东、单一非银行金融机构或单一非金融机构企业法人的持股比例，均不得超过村镇银行股本总额的10%。这个规定限制了民间资本在村镇银行中的控股权和话语权。中国银监会制定和发布的《小额贷款公司改制设立村镇银行暂行规定》，明确规定了小额贷款公司改制条件，其中最为关键的是村镇银行主发起人（最大股东）必须是符合条件的银行业金融机构，这就意味着要改制的小额贷款公司主发起人必须放弃对企业的控股权，也就使其失去了自愿改制的动力和积极性。对农村资金互助社的市场准入过严，非正规农村资金互助社转正为正规农村资金互助社较难。我国大量农村资金互助社没有拿到金融业务经营许可证，从而缺乏合法的身份，出现了农村资金互助社被"山寨化"的现象。

（4）监管方式滞后。监管方式滞后于农村正规金融发展的需要。对不同类型的农村正规金融机构统一实施审慎监管的方式也不太合理。如农村资金互助社不适合实行审慎监管。

6.4.2 政策扶持力度不够

政府为了促进农村正规金融发展，强化农村金融服务，加大了政策扶持力度，主要着力点在于解决农村金融"成本高、风险高"的核心问题，对成本费用相对较高的特殊地域、特殊业务或特殊机构予以财政补贴、税收优惠或激励性金融政策，通过农业保险保费财政补贴等措施以覆盖涉农金融风险。目前，初步形成了正向激励的财税、金融政策相结合的扶持政策体系，在一定程度上弥补了市场配置机制的不足，对消化金融机构历史包袱、促进深化改革和有效调动支农积极性发挥了积极作用（2012年中国农村金融服务报告，2013）。虽然取得了较大成绩，但是扶持力度依然不够。

（1）财税政策扶持力度不够。农村正规金融机构对农户和农村小微企业的信贷服务具有较强的政策性和普惠性，因此应该在其设立和发展初期提供财政补贴和资金支持，执行更加优惠的税收政策。虽然，财政部和国家税务总局先后出台一系列扶持农村正规金融机构发展和开展涉农贷款业务的财税政策，也取得一定成效，但总体而言，对农村正规金融机构及其涉农贷款业务的财税政策扶持广度和深度不够。

（2）货币金融政策扶持力度不够。对农村正规金融机构执行的存款准备金率水平还可以进一步降低。对农村正规金融机构发放支农再贷款的扶持力度不够。如农村资金互助社作为社区互助性银行业金融机构不能进行同业拆借和获得中国人民银行的支农再贷款支持。新型农村金融机构的支付结算渠道不畅，目前全国大部分村镇银行未进入全国支付清算系统，不具备开具票据、银行汇兑、发行银行卡等基本功能，村镇银行系统内通存通兑、同业拆借也无法实现，不能异地存取款，对外出务工人员非常不方便，因此导致村镇银行吸收存款的能力不足。由于村镇银行没有接入中国人民银行的征信系统，还不能利用中国人民银行征信系统数据库查询中小企业和个人的信用记录，增加了其发放贷款的信用风险。

6.4.3　融资渠道狭窄

四类农村正规金融机构，中国农业银行、中国农业发展银行和农村合作金融机构的融资能力较强，而新型农村金融机构吸收存款难，融资渠道狭窄问题比较突出。

（1）法律障碍。目前我国法律不允许村镇银行发行金融债券，也不能进入全国银行间市场拆借。村镇银行只能向当地金融机构拆借资金，无法通过发行债券等方式进行融资。由于吸收存款难和融资渠道狭窄，导致有些村镇银行的存贷比偏高，流动性风险加大。现以交通银行发起设立的村镇银行为例，来考察村镇银行的存贷比。表6-3显示，交通银行发起设立的3家村镇银行2011年末的存贷比都偏高，超过了存贷比75%的监管标准。村镇银行吸收存款的困难和融资渠道的狭窄，制约了其发放贷款的规模和业务的开展。

表6-3 2011年末交通银行发起设立村镇银行的存贷比

	存款余额（亿元）	贷款余额（亿元）	存贷比（%）
安吉交银村镇银行	8.41	8.32	99
大邑交银村镇银行	3.90	3.41	87
新疆石河子交银村镇银行	4.36	3.77	86

注：数据来源于交通银行2011年年报。交通银行网址：http://www.bankcomm.com/Bank-CommSite/cn/index.html。

（2）融资渠道不顺畅。例如，农村资金互助社的资金来源有四个渠道：一是股金，二是吸收社员存款，三是向其他银行业金融机构融入资金，四是接受社会捐赠资金，但目前这四条渠道都不太顺畅。具体体现为农村资金互助社的股金增长非常缓慢。一方面，农民入股主要为获得贷款，当农村资金互助社无法满足入股社员正常合理的贷款需求时，农民便没有入股的意愿和积极性。另一方面，农村资金互助社对股东分红较少。农民入股后在短期内很难获得贷款，也无法分享到入社股金的较高红利回报，因此，农民没有入股的积极性和动力。笔者2012年对内蒙古通辽市辽河镇融达农村资金互助社进行实地调查，通过对调研的数据进行整理和分析发现，该农村资金互助社的资金来源渠道比较狭窄。表6-4显示，截至2011年末，内蒙古通辽市辽河镇融达农村资金互助社的资金来源主要是存款，占比86.02%，所有者权益占比13.77%。没有从其他银行业金融机构融入资金，也没有获得社会捐赠资金。

表6-4 2011年末融达农村资金互助社的资金来源

项目	期末余额（万元）	占比（%）
所有者权益	349.60	13.77
其中：实收资本	348.28	13.72
负债	2 189.31	86.23
其中：存款	2 184.05	86.02
合计	2 538.91	100.00

注：数据根据融达农村资金互助社监管报表整理。

（3）新型农村金融机构缺乏外部融资制度支持。大中型金融机构向农村中小金融机构提供批发资金的长效机制尚未建立。新型农村金融机构还没有尝试通过金融市场发行金融债券等方式进行直接融资，保险资金等社会资金也缺乏进入新型农村金融机构的渠道和政策。

6.4.4　相关配套改革滞后

（1）农业保险体系不够健全。农业保险覆盖面稳步扩大，"稳定器"作用逐步凸显。近年来农业保险快速发展，在稳定农业生产、促进农民增收和改善农村金融环境等方面发挥了积极作用。一是农业保险覆盖面稳步扩大，风险保障能力有效提高。从地理区域分布看，农业保险已由试点初期的5个省（自治区、直辖市）覆盖到全国。从保险品种看，中央财政补贴的品种已达到15个。从风险保障能力看，我国农业保险在实现基本覆盖农、林、牧、渔各主要农业产业的同时，在农业产业链前后都有了新的延伸，从生产领域的自然灾害、疫病风险等逐步向流通领域的市场风险、农产品质量风险等延伸。二是市场经营主体不断增加。2012年我国开展农业保险业务的保险公司已由试点初期的6家增至25家，适度竞争市场环境正逐步形成。三是政策支持力度连年加大。2012年，我国享受财政保费补贴政策的农业保险保费规模达到235.28亿元，占总保费规模的97.98%，财政补贴型险种仍是我国农业保险的主要险种，有效地减轻了农民的保费负担水平。四是经济补偿功能持续发挥。2012年，共计向2 818万农户支付赔款148.2亿元，对稳定农业生产、促进农民增收起到了积极的保障作用。在一些保险覆盖面高的地区，农业保险赔款已成为灾后恢复生产的重要资金来源。2012年1—12月，全国农业保险保费收入240.13亿元，同比增长38%，为1.83亿农户提供风险保障9 006亿元，承保户数同比增长8%，保险金额同比增长38%。目前我国农业保险业务规模仅次于美国，已成为全球最活跃的农业保险市场之一（2012年中国农村金融服务报告，2013）。但是目前农业保险缺乏专门的法律制度，农业保险巨灾风险准备金制度还没有建立，农业保险运行存在较大风险隐患。由于农村保险体系和农村信用体系不够健全，导致农村正规金融机构发放贷款的信用风险较大。

（2）农村信用体系不健全，农村金融生态环境有待优化。农村信用体系和生态环境建设是农村金融基础设施建设的重要组成部分。近年来，人民银行联合地方政府、相关部门、金融机构多渠道开展对农村地区的信用知识宣传；征集农户信息，完善农户、农村个体户等农村经济主体的信用记录，建立信用档案，探索建立适合地方特点的农户评价体系，推动各地开展"信用户"、"信用村"、"信用乡（镇）"创建。引导涉农金融机构对守信农户简化贷款手续、降低贷款利率上浮幅度，推动地方政府及各涉农职能部门出台与信用相结合的"三农"支持政策、措施，共享农户信用信息，构建"守信受益、失信惩戒"的信用激励约束机制，提高农民的信用意识，改善信用环境（2012年中国农村金融服务报告，2013）。

当前农村金融生态环境存在一些问题，主要表现为缺乏担保公司、资产评估、征信等金融中介机构，许多农户和农村中小企业经营者对金融的了解和信用意识还比较淡薄。农村地区的贫困农户、乡镇企业信贷风险大、缺少担保抵押品是导致农村正规金融机构不愿向其发放贷款的原因之一。按照国家法律法规和金融机构的要求，农民拥有的可抵押物很少，比如农民的土地承包经营权、宅基地使用权受法律规定限制，不能用于抵押；畜禽养殖小区的房舍、蔬菜大棚以及农民房屋等，因为农民没有产权证，不能用于抵押；农机具、存栏的畜禽、地里的农产品等，也都不是银行愿意接受的有效抵押物。另外，担保条件也是十分苛刻的。如安徽省凤台县金融机构普遍规定，申请担保贷款必须有公务员或教师担保，一个公务员可以担保5万元，一个教师可以担保2.5万元。对于农民来说，能找到一名公务员或教师作担保人，难度已经不小，而即使找到愿意担保的人，银行也未必批准贷款。申请农户联保贷款需要4户联保，并且这4户必须没有尚未偿还的贷款。这样，假如全村100户申请联保贷款，就需要另找300户联保。由于许多村里户数不多，加上很多农户不愿意为别人担保，所以，往往需要到别的村找联保户，难度很大（张红宇等，2011）。

（3）存款保险制度缺失。存款保险制度在防范系统性金融危机、维护金融体系稳定等方面有重大作用，而维护金融机构的安全与稳定，是经济安全的基础。存款保险制度始于20世纪30年代的美国，为了挽救在经济危机的冲击下已濒临崩溃的银行体系，美国国会在1933年通过《格拉斯—斯蒂格尔法》，联邦存款保险公司作为一家为银行存款提供保险的政府机构于1934年开始运作。目前已有100多个国家先后建立了各自的存款保险制度，而存款保险制度可以保护小额存款人利益，增强公众对银行体系的信心，维护金融体系的稳定。对所有参加保险的银行或储蓄机构提供存款保险，既彻底割断了银行与财政的联系，老百姓也不会因某个银行出现危机而产生恐慌心理。由于有了存款保险，存户就不必考察银行的信用风险，存户就只选择利息高的，因此有利于新兴的中小银行。农村居民存钱还是偏好农村信用社、中国邮政储蓄银行和中国农业银行等机构，甚至有居民担心万一新型农村金融机构破产了，存进去的钱存在安全性问题，这反映我国由于没有建立存款保险制度，影响了新型农村金融机构吸收存款的能力。我国实际上实行的是隐性存款保险制度，而随着我国利率市场化改革的推进，迫切需要建立存款保险制度。我国应由政府出面依法建立具有独立法人地位的存款保险机构，可定性为直属国务院的政策性金融机构。

（4）利率市场化改革滞后。利率市场化是指金融机构在货币市场经营融资的利率水平，是由市场供求来决定，包括利率决定、利率传导、利率结构和利率管理的市场化。实际上，它就是将利率的决策权交给金融机构，由金融机构自己根据资金状况和对金融市场动向的判断来自主调节利率水平，最终形成以中央银行基准利率为基础，以货币市场利率为中介，由市场供求决定金融机构存贷款利率的市场利率体系和利率形成机制。自2003年开始，我国利率体系已开始启动市场化进程，先是票据贴现利率市场化，接着银行间同业拆借利率也与市场接轨。目前利率市场化改革滞后。我国农村正规金融机构存款利率与城市的金融机构利率水平相差不大，吸收存款没有价格优势。存款利率管制是导致农村正规金融机构吸收存款难的重要原因。政府规定和控制利率使信贷回报率低于市场均衡水平，导致农村正规金融机构对农户和小微企业的信贷活动受到抑制。贷款利率管制导致农村正规金融机构对农户的信贷供给不足。存贷款利率管制也不利于农村正规金融机构实现财务可持续。

商业性小额信贷的利率需要遵循市场化原则。由于小额贷款的管理成本高于大额贷款的管理成本，因此，能够覆盖小额信贷运营成本的利率通常要高于正规金融机构主导性商业贷款利率（朱乾宇，2010），表6-5是部分国家小额信贷机构开展小额信贷业务的贷款利率。因此，农村正规金融机构开展微型金融业务需要利率实现市场化。

表6-5   部分国家小额信贷机构和小额信贷利率

贷款机构	贷款利率 （%）	市场利率 （%）	还款率或盈利 能力（%）	数据来源
孟加拉国 Grameen 银行	20	10	还款率为 96 ~ 100	所有相关研究者 皆可见
孟加拉国 BRAC	20	10	还款率为98	Jahangir 和 Zeller, 1995
马达加斯加 CIDR	36 ~ 48	14	还款率为100	Zeller, 1998
印度尼西亚 Rakayat 银行 Desa 项目	32 ~ 43	20 左右	实现了盈利	Morduch, 1999
印度尼西亚 Badan Kredit Desay 银行	55	20 左右	实现了盈利	Morduch, 1999
玻利维亚 Bancosol 项目	47.5 ~ 50.5	20 左右	实现了盈利	Morduch, 1999
印度尼西亚 BRI	26 ~ 32	20 左右	还款率为96.5	Robinson, 1998

资料来源：曹辛欣：《小额信贷的利率分析》，载《黑龙江对外经贸》，2007（5）。

6.5 本章小结

农村正规金融机构双重目标兼顾不均衡的主要原因是：第一，"三农"金融业务交易成本过高、信贷风险较大和盈利水平偏低。第二，农村正规金融机构经营管理水平低，吸收存款难。具体为产权制度缺陷，公司治理水平低，吸收存款难。第三，农村正规金融机构逐利性强，业务创新能力不足。第四，农村正规金融机构实行双重目标兼顾的制度和政策不完善。具体为金融监管制度和政策存在缺陷，政策扶持力度不够，融资渠道狭窄，相关配套改革滞后。

第七章　国外农村正规金融机构
双重目标兼顾的模式及经验借鉴

本章主要选取了两个代表性农村正规金融机构双重目标兼顾的模式进行介绍，一个是孟加拉国的乡村银行从事的小额信贷模式，另一个是日本农协的合作金融模式。通过对国外农村正规金融机构双重目标兼顾模式进行梳理和分析，找出可供我国借鉴之处。另外，还考察了国外政府促进农村正规金融机构实行双重目标兼顾的政策。

7.1　国外农村正规金融机构双重目标兼顾的模式

7.1.1　微型金融经营模式

（1）微型金融经营模式的典型代表：孟加拉国的格莱珉银行[①]（GB）模式。小额信贷[②]业务起源于孟加拉国，发起人是穆罕默德·尤努斯（Muhammad Yunus）。格莱珉银行（GB）于 1974 年创建，是为穷人设立的乡村银行，80 年代在政府支持下转型为独立的银行。格莱珉银行（GB）模式是一种非政府组织从事小额信贷的模式。格莱珉银行（GB）要求同一社区内的农户在自愿的基础上组成贷款小组，小组成员相互承担还贷的连带责任，成员基本以女性为主。格莱珉银行（GB）根据借款人的申请发放无抵押小额信贷，贷款小组每周开会，要求借款人每周进行分期还款，根据各小组的还款情况决定以后的借贷规模；整个还款过程在有 5～7 个小组参加的公开大会上进行，给不能按时归还的小组成员以巨大的社会压力。此外，格莱珉银行（GB）在放贷的同时还要求借款人开立储蓄存款账户，存款达到一定金额时必须购买格莱珉银行股份，从而成为格莱珉银行的股东。如今的孟加拉国格莱珉银行已经拥有三百多万个借贷者，其中

[①]　孟加拉国乡村银行（Grameen Bank），又称格莱珉银行。

[②]　小额信贷只包括对客户提供信贷业务，而微型金融不仅包括信贷服务，还包括储蓄、培训等服务。本章不对二者做严格区分，行文中交叉使用这两个概念。

95%是原先赤贫的妇女，年贷款5亿美元，还款率99%，所有贷款均来自贷款者与非贷款者的储蓄，目前格莱珉银行已经实现了财务可持续。

格莱珉银行的成功经验证明了贷款机构可以通过还款机制创新取得较高的还款率。金融机构开展小额信贷业务，不断创新符合穷人需要的贷款产品和技术，帮助穷人增加收入，摆脱贫困，自身也可以实现财务可持续发展。

在国际众多小额信贷机构中，以孟加拉国乡村银行、玻利维亚阳光银行、印度尼西亚人民银行村信贷部和拉丁美洲的村银行较为著名，并被众多国家效仿，这些小额信贷机构的主要模式和特点如表7-1所示。

表7-1　　　　　　　　　国际小额信贷典型模式的比较

机构	服务对象	机构性质	经营模式	共性	特点
孟加拉国乡村银行	农村妇女	金融扶贫模式	政府支持下转化为独立的银行	1. 目标客户大多为中低收入群体；2. 与传统信贷相比额度较小；3. 均采取风险定价机制；4. 贷款期限、还款方式灵活；5. 大多采取连带小组形式	1. 连带责任和强制性存款形式；2. 自愿基础上组成5~6人贷款小组；3. 交叉放款；4. 培训功能；5. 按周分期还款
拉丁美洲村银行	贫困妇女	最终目标是减少贫困	社区资助基金会		1. 5~7人的连带责任小组；2. 村银行规模较小；3. 存贷款利率都较高
印度尼西亚人民银行	农村中收入较低人群中有还款能力的人	以盈利为目标	由政府项目转化为市场化经营		1. 足值抵质押；2. 利率覆盖；3. 根据客户的现金流决定贷款、还款周期；4. 鼓励按期还款；5. 大力吸收存款
玻利维亚阳光银行	城市中生活在贫困线以上的中低收入阶层	以盈利为目标	是一种私人非政商业银行模式		1. 连带小组贷款方式；2. 只注重银行业务的开展，不提供其他社会性服务；3. 贷款小组由3~7人组成，贷款发放时所有会员可同时获得贷款；4. 利率覆盖成本；5. 自负盈亏；6. 还款方式灵活；7. 贷款期限灵活；8. 每笔借款数额较大

资料来源：曹凤岐、郭志文：《我国农村小额信贷问题研究》，载《农村金融研究》，2008（9）。

（2）微型金融经营模式的激励和约束机制。小额贷款在风险控制技术方面，主要包括团体贷款、动态激励、分期还款和担保替代，这些技术可以有效地降低金融机构与借款人之间由于信息不对称所引起的道德风险和逆向选择问题。第一，团体贷款。贫穷的借款人无法满足金融机构对抵押品和担保的要求，而团体贷款不要求抵押和担保。在团体贷款中，贷款小组由农民自愿组成，小组成员之间承担连带担保责任。连带责任会激励小组成员去甄别和监督小组内其他成员，促使借款人履行还款责任，小组成员之间的社会关系使得甄别、监督和执行效率更高。第二，动态激励。动态激励包括两类：第一类是重复博弈，如果借款人能够按照约定及时归还贷款，以后可以很容易地从贷款人那里得到相同金额的贷款支持；反之，他再次从贷款人那里获得贷款的可能性将变得很小，甚至可能永远无法从贷款人那里获得贷款。第二类是贷款额度累进制度，能够按时归还贷款的借款人将来可以很容易地从贷款人那里得到更多金额的贷款支持。第三，分期还款。分期还款是指贷款人要求借款人在借款或投资后不久，就开始定期进行一次还款，有助于贷款机构的现金流管理，实现"早期预警"，同时可以培养贫困借款人的理财能力和信用意识。第四，担保替代。由于微型金融主要定位于中低收入群体，因此克服担保不足是各类微型金融组织必须面对和解决的问题。在国际微型金融的实践中，各种担保替代品广泛存在。这种替代品主要以"小组共同基金"、"强制储蓄"的形式存在，也可以是某种不受法律保护的动产，甚至是可以预期的未来收入和现金流。在孟加拉国格莱珉银行第一代传统模式下的小组基金，事实上强化了团体贷款在解决还款环节道德风险的能力，能够起到相互担保、相互保险的作用。印度尼西亚人民银行村行系统的普通农业贷款就要求不低于借款金额的担保，而对于贫困无产者则设计了专门的担保机制，比如冻结借款小组部分存款作为保证金等（焦瑾璞和杨骏，2006）。

7.1.2 日韩的农村合作金融模式

日韩农村合作金融模式建立在小农经济基础之上，政府提供大量资金和政策上的扶持，鼓励农民组织起来，形成农业合作社。农业合作社将购销合作、生产合作和信用合作融为一体，以资金互助为载体，把农民紧密地联系到一起，提高了农民的组织程度，使农民在市场中的竞争力和谈判力得到提升。寓合作金融于综合农协中，可以节约交易成本，实现农民综合收益达到社会平均水平。我国单纯在生产领域进行农业合作很难获得成功，必须学习日韩模式发展综合型农村资金互助社。

日本的农协模式是日韩模式的典型代表。日本的农民同城里人相比，日子过得很好。农业本是弱质产业，在一个工业大国之所以能够立足，除了政府的大力扶植外，日本农协组织发挥了举足轻重的作用。以农协为核心的农村社会服务体系是日本战后迅速崛起的重要因素之一。日本从本国国情出发，在"二战"后成立了包括几乎所有农户的全国性农协系统，农协以信用合作为支柱给农民提供全方位服务，包括指导生产、生产资料购买、农产品销售、吸收农民存款，发放农业贷款以及保险业务。日本农协组织由政府和农民共同投入，它包括农业、渔业、林业三个系统，分为中央机构、中层机构、基层机构三个层次，同时，农协组织还有严格的法律保证。国际社会普遍认为，日本农村合作金融体系是成功解决农村金融问题的典范。

（1）组织体系。日本农村合作金融机构是农协的一个子系统，同时又是具有独立融资功能的金融部门。日本的农村信用合作组织体系由三个层次组成，三个层次分别是：农林中央金库是中央级机构；都道府县信用农业协同组合联合会（以下简称信农联）是中层机构；综合农协是最基层一级，包括农业协同组合、渔业协同组合和林业协同组合。其资金主要来自农村吸收的存款，服务对象原则上只限于系统内部作为会员的农户和农业团体。日本农村合作金融机构的设置坚持立足基层，方便农户，利于经营和经济核算的原则，彼此间强调合作，不搞竞争。

（2）管理体制与运行机制。基层农协的资金由农户及其他居民和团体入股组成，一般以市、町、村为单位；信农联的资金则主要来源于所属各综合农协和本地区农协的县一级其他事业联合会以及非农协的其他农业团体的上存资金；农林中央金库的资金大部分由各地农业、渔业信用联合会，森林组合联合会以及其他有关的农林水产团体入股组成，也有一部分资金来源于经国家批准发行的农村债券。

（3）主要业务。基层农协既对农户从事信用业务，又兼营保险、生产资料购买、农产品贩卖等多项业务；信农联的主要业务是调剂基层农协之间的资金余缺，并将剩余资金存入农林中央金库，它不能兼营信用事业以外的其他金融业务，如保险、供销等业务，如有需要必须单独设立别的联合会来办理；农林中央金库是农林渔系统的信用合作组织，主要办理存款、贷款、汇兑和委托代理等业务，有权发行农林债券，并可经营外汇业务。

（4）监督管理。日本农村合作金融体系的三级机构都独立经营，独立核算，自负盈亏，相互之间不存在上下级关系，但在经济上和职能上互相联系，互相配合，上一级组织对下级组织负有组织、提供信息和在资金发生困难时予以支持的责任。三级机构共同接受政府的双重监管，一是政府金融监管厅对各种金融机构实施监管；二是全国和地方农村的水产部门配合金融监管厅对农村合作金融机构实施监管。其中，第二重监管又包括①农林水产省设有金融科，负责对农林中央金库的监管；②农林水产省在6个大区设有农政局，负责对辖区内的信农联的监管；③都、道、府、县的农政部门，负责对辖区内的农村合作金融部门的监管。全国农业信用组合联合会是行业协调组织，不办理信用业务，只是为会员提供情报，协调关系具体如图7-1所示。

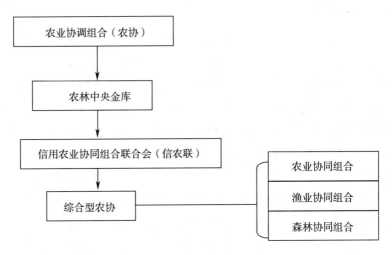

图7-1　日本的农村信用合作体系

7.1.3　国外农村合作金融制度的发展

自20世纪下半叶以来，随着经济全球化、金融一体化、信息化的迅速发展，国际农村合作金融领域出现了一些新的发展趋势。研究这些发展趋势，对于我国的农村合作金融改革与发展具有重要的启示。

（1）经营目标的商业化。农村合作金融组织最初的形式是信用合作社，参加者大多是小生产者、小经营者和农民。他们为了维护自身的经济利益，自发自愿地组织起来，在融资领域实行资金的互助合作，用众多参加者的资金力量来解决自身的资金困难。信用合作充分体现自愿、自助、平等、互利、民主、公平、团结等原则，其根本宗旨与经营目标是一致的，即不以追求利润为目标，而以为社员提供服务为目标，主要是为农民和农村经济发展服务。但是，随着经济环境的变化，特别是在市场经济条件下，农村合作金融组织出现了向营利性合作金融企业发展的商业化倾向。发生这种变化的另一个重要原因是，西方国家的农村合作金融吸收的资金规模大大超过了农业和农村的需求，因此，它们把满足会员需要后的资金用来从事商业化经营。这种商业化倾向的主要表现，一是农村合作金融组织的盈利水平越来越高；二是有关信用合作社法规及法定的合作社示范章程默认农村合作金融组织追求盈利的行为，加剧了农村合作金融的商业化倾向。因此，现在绝大多数合作金融组织实际上都以追求利润为经营目标。

（2）组织形式的股份化。随着农村合作金融组织规模的不断扩大，农村合作金融组织对资金的占有量和需要量越来越大，仅仅依靠吸收社员的股金已不能适应需要。因此，不少国家改变了原来的股权构成及入股方式，引进了股份制的做法。不仅扩大股东范围，增加股金种类，而且扩大股金数额。股东既可以是个人，也可以是单位，既可以是农业经营者，也可以是非农业经营者。例如法国规定农民和手工业者、农业生产合作组织、农业工会、地方农业局、市政单位、教育机构等都可入股成为股东。

在农村合作金融组织内部实行民主化和专业化管理。首先，在表决方式上突破了"一人一票"制。也就是说，对大股东社员的利益予以考虑，在"一人一票"的基础上对大股东社员给予票数加权。其次，在日常管理和决策上出现集中化和专业化倾向。组织管理工作不再由社员兼任，而是从社会上聘请有专业知识、训练有素的职业经理来进行管理，逐渐形成专职管理阶层。另外，社员代表大会制度的确立，使合作社自治原则淡化。社员代表大会有权修改社章、更改经营范围等重大事项，而能成为社员代表的仅是全体社员中的一小部分，代表大会之外的社员无法对此施加影响。

为了保证农村合作金融组织资金有比较稳定的来源，一些国家合作金融组织改变了社员可自由退社退股的做法，给社员退股制造某种形式的"退出成本"。1982 年美国政府允许储蓄贷款协会发行股票，并允许其由互助形式转化为股份制形式，从而导致了几百家储蓄放款协会转化成股份制形式，使资本总额大幅度增长。

农村合作金融组织股份化的发展，使其规模不断扩大，体系日趋完善。现在相当多国家的农村合作金融组织是具有巨大资产规模、庞大分支机构的大合作银行，有些已成为国际性大银行，如法国农业信贷银行、荷兰拉博银行、美国农业信贷银行、德意志合作银行等。就其经营性质而言，现代的农村合作金融机构已由互助合作制向现代股份制转变，大多数已成为商业化、股份制的金融机构，即使称为合作银行，其"合作"的性质也日益淡化，并且都有政府的干预或政府的"指导"，而不完全是由社员自发组成，其原有的性质已经发生了变化。

（3）资金来源和运用的多元化。早期信用合作社资金来源主要是股本金和存款，现在西方国家多数合作金融组织在资金来源上，除股本金和存款外，还有两个重要来源，一是向中央银行借款，二是发行债券。在有些国家发行债券所筹措资金占合作金融机构资金来源的相当大比重。同时，存款的种类也是多样化，不仅有社员的活期存款、定期存款，而且有非社员的大众存款和住房信贷存款等。资金来源的多元化使农村合作金融机构的资金规模不断扩大。

与此同时，随着合作金融组织规模的扩大和联合组织体系的壮大，许多国家的信用合作组织，特别是农村信用社的资金运用形式发生了变化。主要变化是：在贷款对象上，由社员发展到非社员，个别甚至以非社员为主；在贷款数额上，由小额贷款发展到小额和大额贷款都发放；在贷款期限上，由短期、流动资金贷款，发展到短期、中期、长期贷款等多种形式；在贷款用途上，不仅限于农业生产，也提供消费性、流通性的贷款；在贷款方式上，不再只是靠社员的个人信用为担保，而注重票据贴现、财产抵押、经济担保等形式；在贷款利率上，不再强调低利原则，并且认为贷款利率只要低于民间自由借贷利率就是实行了低利率。因此，合作银行等合作金融组织的贷款利率不一定低于商业银行的贷款利率。

（4）经营管理现代化。从合作金融组织的经营管理来看，最根本的变化是逐步摆脱信用合作模式束缚，按照市场导向原则，实行企业化经营管理。经营管理发生以下变化：一是服务对象开放化。坚持为大众服务的原则，服务对象不再仅限于社员，对非社员的个人、企业单位、社团组织、政府部门等都可以提供服务，从而在一定程度上淡化了合作金融的互助原则。二是业务种类多样化。目前合作金融组织的业务经营范围已与商业银行基本趋同。例如，德国合作银行通过与其他金融机构之间的合作，已经能够办理诸如抵押贷款、租赁贷款、代理融资、代发股票、债券、税收特惠投资、保险等多种业务，其他国家的合作银行也类似。三是经营范围国际化。随着合作金融机构的国际化，其业务经营范围也日趋国际化。不少国家的合作银行在一些重要的国际金融中心设立了分支机构，提供包括欧洲证券市场、国际货币支付、国际清算、外汇贷款等国际金融业务。如荷兰农业合作银行在国外有 50 家分行，构成了全球性融资网络，满足了其租赁公司、船舶抵押公司、信托公司以及保险公司等附属机构开发国际金融业务的需要。四是经营手段现代化。随着金融电子化的发展，现在合作金融组织的电子计算机应用相当普遍，经营手段已实现现代化。不少国家从合作银行总部到基层营业单位，全部采用了电子计算机并已形成网络，银行存款业务全部实现了自动化。五是服务质量优质化。为了适应市场经济的竞争规律和吸引客户的需要，一些国家的合作金融组织都在追求服务质量的优质化，在不违反国家政策和法令的前提下，在业务种类、业务方式、业务数量、资金价格、存款期限、信息资料、服务方式等方面尽量为客户提供方便快捷的优质服务，以满足客户需要，进而促进业务经营的不断扩大，盈利水平的不断提高。

7.2 国外政府促进农村正规金融机构实现双重目标兼顾的政策

为了促进农村正规金融机构实行双重目标兼顾，对农村金融给予政策扶持是各国通例，主要体现在财政税收、货币政策和金融监管等方面。

7.2.1 财政税收

（1）在农村金融机构成立初期，政府投资控股或参股。如在孟加拉国乡村银行成立初期，政府提供了 60% 的资本金。在法国农业信贷银行最初组建时，政府持股 100%，后来逐步减持，现仅持股 2.1%。

（2）政府无偿赠予和提供资金支持。法国最初组建地区银行时，新建的银行本应是自我融资，但是为了保证其初始正常运营，这些银行得到了4 000万法郎政府基金的初始注入和每年至少200万法郎的资金配给。

（3）实行税收优惠政策。许多国家对农村金融机构给予长期的免税优惠，提高了其盈利水平和自我积累能力。如荷兰政府对拉博银行给予长期的免税优惠，提高拉博银行的盈利水平和自我积累的能力；美国对信用社不征收营业税和所得税。世界信用联合会对81个成员信用社所得税的调查资料显示，68%的国家和地区免征所得税，其中泰国、新西兰、中国台湾等11个国家和地区免征一切税费，美国、日本等其他国家免征所得税等主要税种。即使是在那些征收所得税的国家也大都对信用社实施一定程度的税收优惠政策。从调查情况看，越是农业比重大的国家对农村金融机构的税收减免力度越大。

7.2.2　货币政策

（1）实行差别存款准备金率政策。以美国为代表的一些国家对信用社不收取存款准备金，以德国为代表的一些国家对参与农业贷款的金融机构降低其存款准备金提取比例。

（2）提供再贷款支持。韩国、印度、泰国的农业信贷机构均可向中央银行借入资金。中央银行借款一般数额较大、成本较低，期限也特别长，这种情况在发展中国家表现得尤其突出。

（3）灵活的利率政策。大多数市场经济国家由于没有实行利率管制，基本都实现了农村地区利率市场化，主要是靠财政贴息等办法使农民获得比市场利率更低的农业贷款利率，但包括韩国在内的一些国家的中央银行仍在对部分农业贷款利率实行一定的干预或指导。虽然大部分国家通过贷款贴息使农民获得比市场利率更低的贷款利率，然而孟加拉国的乡村银行却是个例外。为了保证乡村银行能够持续经营，乡村银行的贷款利率高于一般商业银行的贷款利率。事实证明，这一政策正是乡村银行得以成功的关键因素之一。高利率政策使乡村银行能付出较高的工资，从而吸引较高素质的工作人员，并逐渐减少了对低息融资的依赖，还能够付出较高的存款利率吸收存款来扩大其贷款规模。

7.2.3　金融监管

（1）市场准入政策的支持。印度要求商业银行必须在农村地区设立一定数量的分支机构，如在城市开设一家分支机构，必须同时在边远地区开设2~3家分支机构。

（2）支持小额信贷发展。印度尼西亚在法律上明确规定小额信贷机构可以吸收公众存款作为资金来源，鼓励它们运用自有资金进行自主经营。政府和国际机构合作，通过技术援助提高小额贷款机构的市场化经营能力。

（3）实行存款保险制度。存款保险制度起源于20世纪30年代的美国。美国、英国、法国、德国、日本、韩国、泰国、印度、中国香港和中国台湾等国家和地区都建立了存款保险制度。到2011年，已有111个国家和地区建立存款保险制度。存款保险制度是抵御金融风险的一道重要防线，可以最大限度地保护存款人的利益，减轻商业银行的经营压力，是化解商业银行危机最有效的、最市场化的途径。对于农村中小金融机构的健康发展而言，存款保险制度具有重要的促进作用。

7.3 借鉴

7.3.1 积极开展微型金融业务

微型金融自20世纪70年代由世界银行提出后就得到广泛发展和传播，微型金融向穷人和低收入人群提供一系列支持其生产、提高其收入、稳定其消费、防控其风险的金融服务，包括小额信贷、合作医疗、助学贷款、微型保险及其他方面的金融服务等。微型金融自21世纪初进入中国之后得到了长足发展，现今不仅在扶贫领域发挥了重要作用，更让长期面临"融资难"的中国广大小微企业看到了希望。

（1）国际成功的经验已经证明微型金融业务可以实现农村正规金融机构双重目标兼顾。小额信贷是解决农村中低收入农户金融服务特别是信贷服务的基本途径和制度，它在许多发展中国家都得到了积极的发展。许多小额信贷机构也在这种特殊的金融服务中找到了市场定位和可持续发展的基础（Johnson and Rogaly，1997）。在中国，小额信贷正在被理论界和管理当局所提倡，认为这种金融服务模式适合中国农村的金融需求，是中低收入农户提高收入水平的重要途径之一。格莱珉银行在创立30多年间，服务网络遍及孟加拉国64个地区的68 000个村庄，给无抵押担保的穷人（其中96%为妇女）提供了贷款，让大量穷人和他们的家庭摆脱贫困，还款率高达98.89%，从事微型金融业务的金融机构也实现自身财务可持续，这个模式是一种非常有效的双重目标兼顾的模式。Pattenetal（2001）比较了东亚金融危机中印度尼西亚微型金融机构Rakyat印度尼西亚银行与正规印度尼西亚银行的表现，在对比贷款的偿还率和成员的储蓄率时发现，印度尼西亚人民银行比正规的银行部门表现更好。

（2）国内成功案例也证明从事微型金融业务是可以实现农村正规金融机构双重目标兼顾。2005年包商银行基于对市场环境和自身特点的系统性研究，确立了以小微企业为核心的这样一个客户的市场定位。并通过与世界银行和国家开发银行的合作，引进了国外先进的小微企业贷款的理念和技术，成为中国首批基于商业可持续原则开展微型金融服务的金融机构之一。2009年4月，包商银行进一步细分小微企业客户群体，设立了微小企业金融事业部和小企业金融事业部。据统计，该行2009年全年共发放贷款20 629笔，同比增加7 983笔，增长63%。其中微小企业贷款2 314笔，同比增加1 104笔，增长91%；微小个人贷款18 315笔，同比增加6 879笔，增长60%。全年共发放贷款63.6亿元，同比增加32.8亿元，增长107%。截至2009年末，该行总的贷款余额为45.06亿元，同比增长25.54亿元，增长131%。2009年该行共实现利润2.6亿元，占用全行4.7%的资金，利润贡献占比为25.9%。2009年该行的五级分类不良贷款率0.72%，保持在良好的范围内（李镇西，2011）。

（3）目前，农村信用社、中国农业银行、中国邮政储蓄银行及新型农村金融机构等农村正规金融机构都在开展小额信贷业务，农村信用社是小额信贷的主要实践者。农村信用社的小额信贷业务开展得不太理想的原因有，农村信用社的管理体制和产权制度存在缺陷，内部治理水平较低，历史包袱沉重及对小额信贷产品的设计和创新不足。另外，国内学者茅于轼、杜晓山等人也进行了民间小额信贷的试验，这些试验说明小额信贷是可以实现既服务农户又实现机构自身财务可持续。在学术理论界杜晓山、焦瑾璞、汤敏、何广文等人从理论角度论述了小额信贷具有服务农户和小微企业，并可以实现小额信贷组织的财务可持续的目标。

（4）借鉴国外小额信贷发展的经验。第一，小组担保替代抵押品不足。农民获得农村正规金融机构贷款的主要障碍是缺乏农村正规金融机构所要求的抵押品。格莱珉银行通常在自愿基础上组建农户互助组织，贷款以小组担保形式提供。小组内部成员对合同的执行和组员之间的互相监督，达到降低贷款违约率、提高还贷率的目的。小组内部成员间的监督不仅能减少农村正规金融机构审核监督的工作量，还能够提高每个借款人的能力和还款意愿。第二，积极推进利率市场化，优先放开小额信贷利率浮动幅度限制。国外小额信贷成功经验表明，由于农村地区资本稀缺，资本可得性比优惠利率更为重要，合理的均衡利率水平是小额信贷可持续发展的关键，因此应该放开小额信贷利率浮动幅度的限制，调动农村正规金融机构开展小额信贷业务的积极性。第三，加大政策支持力度。政府的大力扶持是小额信贷业务快速发展的前提条件。孟加拉等国积极支持小额信贷组织和业务发展，在法律上明确其合法地位，将小额信贷机构纳入农村正规金融体系。同时采取税收优惠、财政贴息贷款等方式，促进其实现财务可持续。

7.3.2　大力发展综合型农村资金互助组织

（1）日本农协的发展经验。第一，制定和完善农业协同组合法。日本早在 1947 年就制定了《农业协同组合法》，赋予农协合法的社会地位并对其行为进行规范。随着经济发展和环境的变化，日本政府及时不断修改和完善原有的法律和制定新的法律，使农协组织的活动都有法律依据。第二，财政金融政策支持。在财税金融等政策方面积极扶持农协发展，如政府对农协执行更加优惠的税收政策。第三，农民积极参加农协组织。日本农协不以盈利为目的，把分散农民组织起来，以团体的形式进入市场，提高农民的市场谈判力量，增加农民的销售收入，降低农民的采购成本，农民得到了实惠，于是踊跃参加农协，服从农协的指导。

（2）农村资金互助社发展成综合型互助组织。随着农村合作金融机构改制为农村商业银行，在农村金融市场上，农村正规合作金融组织形式将不复存在。虽然我国农村经济正处于城市化和市场化快速发展阶段，但小农经济还会长期存在。小农经济背景下，大力发展农村合作金融是缓解农户贷款难的有效途径，因此应该大力发展农村合作金融，但我国真正的农村合作金融组织——农村资金互助社相对于村镇银行发展滞后和缓慢，这导致农民信贷需求得不到有效满足，严重影响了农民收入增加和农村经济发展。目前，我国根本无法移植建立在大型农场规模经营基础上的欧美农业合作金融模式，因为我国当前的农村经济的特点是小农经济为主，比较适合借鉴建立在小农经济基础上的日韩农村合作金融发展模式，因此，农村资金互助社应该建立在农村合作经济组织内部，使农户的信用合作、生产合作和流通合作融为一体，走综合农协模式的道路应该是未来的发展方向。

农村金融市场中最贴近农户和农业生产的农村资金互助组织、村镇银行等地方性农村中小商业性金融机构是局部知识的最佳利用者，它们的生存和发展对于提高农村金融体系的效率和农村金融资源配置的效率具有重要意义，因此应该促进其快速健康发展。

7.3.3　加大政策扶持力度

为了促进农村正规金融机构实行双重目标兼顾，政府应该从财政、金融和货币政策等方面对农村正规金融机构进行政策扶持。

（1）加大财政税收政策扶持力度。第一，政府为了支持农村金融机构发展，可以无偿赠予新型农村金融机构发展资金，承担其部分组建成本和开办费用，并在发展初期提供一定的资金支持。第二，给予农村金融机构提供更多财政税收优惠政策，对涉农贷款投放比例较高的农村金融机构提供税收减免和财政补贴等政策激励，只要农村金融机构把一定比例的资金用于县域及县域以下的涉农贷款，就给予营业税和所得税优惠。

（2）加大货币政策扶持力度。一是进一步降低农村金融机构执行的存款准备金率。二是允许和增加对农村金融机构发放支农再贷款或政策性银行专项贷款，积极推进利率市场化改革。

（3）改善对农村正规金融机构的监管。监管当局应该放松农村金融市场的准入条件，加快建立存款保险制度，针对不同类型农村金融机构实行分类监管。

7.4　本章小结

格莱珉银行开展小额信贷业务，不断创新符合穷人需要的贷款产品和技术，帮助穷人增加收入，摆脱贫困，自身也实现财务可持续。格莱珉银行的成功经验证明了贷款机构可以通过还款机制创新取得较高的还款率。

格莱珉银行的小额贷款风险控制技术主要包括团体贷款、动态激励、分期还款和担保替代，这些方面值得我们学习和借鉴。

日本农协模式是政府提供大量资金和政策上的扶持，鼓励农民组织起来，形成农业合作社。农业合作社将购销合作、生产合作和信用合作融为一体，以资金互助为载体，把农民紧密地联系到一起，提高了农民的组织程度，使农民在市场中的竞争力和谈判力得到提升。这种将信用合作内生于农业合作组织内部，可以有效地利用熟人社会的机制降低借贷行为当事人之间的信息不对称和交易成本，充分发挥社会资本的作用机制，保证农村资金互助组织的规范健康发展。

我国有必要借鉴以孟加拉国格莱珉银行为代表的微型金融经营模式和以日本农协为代表的日韩农村合作金融模式。这两种模式可以很好地解决农村正规金融机构双重目标兼顾问题。具体做法为，积极开展微型金融业务和大力发展综合型农村资金互助组织。同时，为了促进农村正规金融机构实行双重目标兼顾，政府应该从财政、金融和货币政策等方面对农村正规金融机构进行政策扶持。

第八章　农村正规金融机构双重目标兼顾的政策建议与对策

在借鉴国外农村正规金融机构双重目标兼顾经验的基础上，针对我国农村正规金融机构双重目标兼顾不均衡的原因，提出促进农村正规金融机构双重目标兼顾的政策建议与对策。

农村正规金融机构只有实现财务可持续，才能更好地满足农户和小微企业的信贷需求，因此必须不断提高农村正规金融机构的经营管理水平。由于农村金融业务的高风险、高交易成本和低盈利性，农村正规金融机构缺乏服务农户和农村小微企业的积极性，必须构建科学合理的社会绩效评价体系，对于服务"三农"信贷规模大、社会效益高的农村正规金融机构提供更多的政策扶持和奖励。由于新型农村金融机构能够很好地兼顾双重目标，因此应该促进新型农村金融机构快速发展。国外的经验表明，农村正规金融机构开展微型金融业务可以实现双重目标兼顾，因此我国农村正规金融机构也应该大力开展微型金融业务。

8.1　提高农村正规金融机构经营管理水平

8.1.1　优化股权结构和公司治理机制

如何设计合理的农村正规金融机构的产权制度和组织形式会对农村正规金融机构的经营绩效产生重要影响。表8–1显示，不同股权结构对公司治理有效性的影响不同。

表8–1　　　　不同股权结构对公司治理有效性的影响

治理机制	高度集中 （有绝对控股股东）	高度分散 （不存在大股东）	一定的集中度 （有相对控股股东）
激励机制	强	弱	一般
监督机制	一般	弱	强
外部接管市场	弱	强	一般
代理权竞争	弱	强	强

资料来源：经济合作与发展组织（OECD），http：//www.oecdchina.org/。

农村正规金融机构应该转变经营观念，不断完善股权结构和治理结构，强化农村正规金融机构的股东大会、董事会、监事会和经营管理层的权力制衡机制，构建并完善公司治理机制，完善用人机制与激励约束机制，优化农村正规金融机构的人力资源结构，健全和完善内部控制制度，建立有效的风险防控机制，优化业务和管理流程，推进农村合作金融机构改制为农村商业银行。农业政策性银行可以借鉴商业银行的治理模式，建立规范的董事会（或理事会）运作机制和内部约束机制，不断强化内控建设和风险管理。完善"三农金融事业部"管理体制和经营机制。对县域和"三农"业务实施差异化的产品研发、信贷管理、绩效考核等政策。通过改革，要使中国农业银行的经营决策与"三农"定位相吻合，在防范风险、提高效率的同时，发挥其在农村金融体系中的骨干和支柱作用。

8.1.2 不断提高公司治理水平

加强农村正规金融机构的人员队伍建设，不断提高员工素质、业务水平和管理能力，实现农村正规金融机构管理人员的专业化，培养和造就一支能够切实进行高水平的贷款评审与风险管理的专业化"三农"金融业务队伍。加大宣传力度，提高新型农村金融机构的社会认知度。主发起银行要充分尊重村镇银行的独立法人地位，在风险管理、清算服务、人员培训、制度建设等方面给予其充分的指导和支持。适应新形势和新农村建设的发展要求，重构农村正规金融机构的业务流程，积极开展"三农"金融业务创新。不断提高信息技术在农村金融业务经营与管理中的应用水平。

8.2 构建社会绩效评价体系，积极开展微型金融业务

8.2.1 构建科学合理的社会绩效评价体系

社会绩效是指一个机构根据其宗旨自觉地进行经营管理所产生的社会效益。其内涵包括：企业社会绩效内生于企业宗旨和目标；实现社会绩效是企业的一种自觉行为；强调对社会绩效进行管理，将社会绩效管理纳入企业内控系统、对员工的考核评价体系，以及报表报告（中国小额信贷社会绩效管理研究课题组，杜晓山等，2011）。

社会绩效管理是小额信贷机构将社会绩效目标转化为现实成果的制度

化过程，包括制定明确的社会目标、管理达到社会目标的过程以及利用信息以提高绩效的实践（Foose, L., Woller, G., Simanowitz, A. and Verhagen, K., 2006）。社会绩效目标是社会绩效管理所要达到的目标。社会绩效目标的设定有助于小额信贷机构实现其社会绩效。小额信贷机构的社会绩效目标通常包括三个方面：第一，惠及目标客户，以可持续的方式扩大和深化对中低收入群体和被正规金融机构排斥群体的服务；第二，满足客户需求，通过对目标客户的具体需要进行系统的评估，以改善对目标客户的服务质量和便利程度；第三，改变客户生活，为小额信贷客户及其家庭和社区创造利益，包括改善其社会资本、社会关系和资产，减少家庭经济的脆弱性，增加收入，使小额信贷客户能获得必要的服务，并满足他们的基本需求等（中国小额信贷社会绩效管理研究课题组，杜晓山等，2011）。

社会绩效和财务绩效是评价农村正规金融机构的两个不同标准，社会绩效关注服务穷人、提高社会福利等社会目标，而财务绩效关注机构财务可持续及营利性。目前应该建立科学合理的社会绩效评价体系。在考核农村正规金融机构的绩效时应该强调其社会绩效，而不应仅仅是财务绩效，尤其是对农业政策性银行社会绩效的考核。加强对中国农业发展银行政策性目标实现的考核。从国际经验看，农业政策性银行的职能定位和业务范围是一个动态调整的过程。随着农村经济的发展，农业经济转型、城市化发展及产业化的特点，政府应该及时调整政策性银行的职能定位和业务范围，但是，应该尽量明确农业政策性金融业务和农业商业性金融业务的边界和范围，不可任由政策性银行的业务规模无节制地扩张，必须强化中国农业发展银行的政策性支农定位，限制其开展商业性信贷业务。

对于不同类型的农村正规金融机构社会绩效评价的标准应该有所区别。在农村金融市场上，农村合作性金融机构（即未来改为农村商业银行）发挥主导功能，农业政策性金融发挥引导功能，农村商业性金融发挥支持功能，新型农村金融机构发挥补充功能。在一个多层次的农村金融市场上，如何评价社会绩效，必须考虑不同农村正规金融机构的特点和性质，不能"一刀切"采取统一的评价标准。

8.2.2　积极开展微型金融业务

我国农村正规金融机构经营方式不能适应农户生产和消费支出需要，

应该大力发展农户小额信贷，尤其是农户消费性贷款，满足农户消费性支出需要。我国农村正规金融机构应该借鉴尤努斯乡村银行小额信贷模式和美国社区银行的成功经验，根据农村经济、金融发展形势和农户金融需求的特点，不断改进小额信贷产品和服务，积极探索和创新适合小企业和"三农"等低端客户的新模式，通过开展微型金融业务和创新农村金融产品及服务，努力满足农户和农村小微企业的多样化金融需求。

8.3 完善农村正规金融机构双重目标兼顾的制度和政策

8.3.1 改善金融监管

（1）加快构建中央和地方分级金融监管体制。分级监管体制有利于监管竞争和形成一个相对宽松的监管环境，鼓励适合当地经济发展需要的各种金融创新，更可以分散金融风险，最终实现降低金融系统风险的目的。可以考虑将对新型农村金融机构集中统一的监管体制改为中央和地方分级分权管理的金融监管体制，将新型农村金融机构的监管权下放给地方政府。

（2）放松农村金融市场的准入条件，建立适度竞争的农村金融市场。鼓励社会资本和民间资本参股或控股农村正规金融机构，使农村正规金融机构股权多元化，治理结构不断优化。同时创造条件，鼓励条件成熟的农村正规金融机构登陆资本市场。

（3）规范和引导民间借贷健康有序发展。非正规金融的繁衍是农户在农村正规金融服务供给缺乏下对金融服务极度需求的结果，是市场机制发生作用的结果。民间借贷在缓解农户资金约束方面起到了重要作用。实证表明，民间借贷对农户生产的正向影响远远大于正规借贷的影响。由于实行金融抑制政策，民间金融长期处于金融监管当局的压制状态，因此应该正视民间金融市场在农户生产和生活消费中发挥的积极作用，不应该漠视其存在，使用简单的取缔和压制的办法对待民间借贷，应该放松对农村非正规金融的管制，将非正规金融纳入金融监管之下。要从法律上赋予民间借贷合法地位，保护借贷双方的正当权益，规范和引导民间借贷活动健康发展，使之成为农村正规金融活动的有益补充。

（4）改善金融监管方式。有必要对农村政策性银行进行专门立法，实行与农村商业银行有所区别的监管。针对不同类型农村正规金融机构的性质和业务特点实现差异化监管政策和监管方式，如对农村资金互助社实行非审慎监管。

（5）应尽快制定和完善农村金融法律和法规。例如，为了建立大中型金融机构向农村中小金融机构批发资金的长效机制，有必要借鉴美国社区再投资法案的经验，制定农村社区再投资法，减少农村资金外流。美国社区再投资法要求任何金融机构只要吸收了当地存款，就必须将一定比例贷款投放到当地，如果没有做到，就退出当地存款市场，该法规在美国取得了较好的政策效果。在2005年以来的几个中央一号文件中，都提出县域内银行业金融机构应明确新增存款投放当地的具体比例，但目前这一政策并没有得到很好的贯彻和落实。

8.3.2　加大政策扶持力度

（1）补充中国农业发展银行的资本，建立持续稳定的财政补偿机制。农业政策性银行在世界各国经济发展和社会进步的过程中发挥着重要而独特的作用。农业政策性银行普遍享有政府注资、税收优惠、风险分担等显性或隐性支持，其发展依赖长期、稳定、低成本的资金来源。在国家财政补贴的基础上一般具备财务可持续性。目前，政府没有建立对中国农业发展银行持续稳定的财政补偿机制，对于中国农业发展银行在财税和货币政策方面给予扶持的力度不够，中国农业发展银行资本充足率较低，因此有必要早日建立财政对农业政策性银行的补偿机制，国家应该对其注资，补充资本金，并对其政策性不良资产进行剥离。

（2）加大财税政策扶持力度。第一，给农村正规金融机构提供更多税收优惠政策。对初创阶段的新型农村金融机构，五年内免征营业税和所得税；对农村正规金融机构可以执行较低营业税税率和所得税税率；中央财政应按新型农村金融机构资本净额提供3~5倍的周转性铺底资金支持；各级财政给予新型农村金融机构开办费用支持；要设立财政专项担保基金，为农村正规金融机构向商业银行融资提供增信支持；对农村正规金融机构股东入股分红免征个人所得税；向农村正规金融机构捐赠的资金抵扣企业所得税和个人所得税；金融机构向新型农村金融机构的拆借资金利息收入免征企业所得税和营业税。第二，对涉农贷款投放比例较高的农村正规金融机构提供税收减免和财政补贴等激励政策。财政部应该提高农村正规金融机构按贷款余额的一定比例进行补贴的数额。只要农村正规金融机构把一定比例的资金用于县域及县域以下的涉农贷款，就给予营业税和所得税减免优惠。第三，政府应该给农村正规金融机构提供必要的微型金融技术支持和业务培训，使其掌握向小微企业和农民发放贷款的技术。第四，农户是生产和消费一体的经营主体，其资金很难界定和分清哪些用于生产哪些用于消费，政府应该为农户的消费借贷提供担保，分摊农村正规金融机构的信贷风险。

（3）加大货币金融政策扶持力度。应该进一步降低农村正规金融机构执行的存款准备金率。中国人民银行应该增加对农村正规金融机构发放支农再贷款，大中型金融机构（如中国农业发展银行）可以批发贷款给新型农村金融机构。用支农再贷款和政策性贷款等批发资金，鼓励和支持农村正规金融机构积极发放小额农户贷款和农业贷款。

（4）实施差异化区域金融发展政策。对中西部地区设立的农村正规金融机构和设立新型农村金融机构比较多的主发起银行实施财税、货币和金融优惠政策。应该根据我国不同地区经济发展水平，因地制宜制定区域金融发展政策。因为在西部和中部地区，正规借贷对农户生产的正向效应较大，而在东部和东北地区，正向效应相对较小，所以应该重点积极鼓励和支持中西部地区的农村正规金融机构对农户生产提供信贷支持。

8.3.3 积极推进相关配套改革

（1）建立农村信贷风险分担和转移机制。第一，大力发展农村保险。发展农业保险可以有效地降低农业的自然风险。农村信贷业务的高风险性并不完全在于农村借款者有更高的道德风险，而由于农业生产活动更容易受到不可抗力的影响，如气候与自然灾害使得农业生产活动面临较大的自然风险，这会进一步降低借款者的偿还能力。不断完善农业保险体系，创新农业保险品种，探索建立农村信贷与农业保险相结合的银保互动机制。尽快出台《农业保险条例》，从立法层面建立统一的农业保险制度框架，明确中央财政、各级地方财政、监管部门、保险公司的职责，使财政补贴更加制度化规范化，各方面的配合更加协调和顺畅。第二，大力发展农产品期货市场。期货是对冲农产品价格风险的有效工具，通过远期与期货的价格发现功能，引导农村及时地调整生产结构，规避农产品价格波动的市场风险。第三，健全农村抵押担保制度，推动农村信贷抵押担保创新。健全的信贷担保机制是降低金融机构风险、扩大金融交易规模、缓解信贷约束的有效手段之一。建立政府扶持、多方参与、市场运作的农村信贷担保机制。扩大有效抵押品的范围，如增加存货、应收账款等动产抵押、权利质押，并可探索开展土地抵押。尽快建立农村抵押品流转机制，培育抵押品流转中介组织，为农村正规金融机构提供确权、评估、流转等服务，以扩大农村抵押品范围。第四，大力发展农村信用体系，优化农村金融生态环境。要逐步扩大企业和个人信用数据库在农村地区的覆盖范围，加强农民金融知识普及，提高农民的信用意识。

（2）积极推进利率市场化改革。利率市场化有利于农村正规金融机构根据成本覆盖风险原则，合理定价，实现自身财务可持续发展。商业性金融只有财务上实现可持续，才愿意把更多的资金投向农村，更好地满足农户和农村小微企业的信贷需求；反之，用行政手段管制利率，会减少农村的信贷供给，使低利率信贷成为稀缺资源，反而使农户和农村小微企业不容易得到贷款。尤努斯创办的格莱珉银行的贷款利率高达20%以上，但这并没有影响其帮助穷人摆脱贫困。过去我们总想照顾穷人，好像利率高一点儿，就是不照顾穷人了，但实际上利率偏低，社会资本根本不愿进入农村信贷市场，财政资金又不够用，结果反而对穷人更不利。尤努斯的经验表明，利率让市场决定，恰恰有利于穷人摆脱贫困，创造社会财富。利率市场化有利于增加支农资金供应，提高农户贷款的可获得性。为了提高农村正规金融机构吸收存款的能力，实现财务上的可持续，应该允许农村正规金融机构的存贷款利率可以上下浮动更大的幅度。

（3）加快存款保险制度建设，完善市场退出机制。存款保险制度的推出有助于增强农村正规金融机构综合抗风险能力，增加其吸收存款的能力，有利于解决农村正规金融机构风险处置和退出的问题，可以有效避免个别农村正规金融机构倒闭可能引发的存款人信心下降和存款挤兑问题，因此，应尽早推出存款保险制度。农村正规金融机构参加存款保险，政府财政承担其应该缴纳的一部分或全部存款保险费。

8.4 促进新型农村金融机构发展

8.4.1 增加机构数量

新型农村金融机构的出现，增加了农村金融供给，填补了部分地区农村金融服务空白，提高了农村金融市场的竞争程度和运行效率，对提升农村金融服务水平发挥了积极作用。在新型农村金融机构成立初期，村镇银行可以无偿赠予新型农村金融机构发展资金，承担其部分或全部组建成本和开办费用，并在发展初期提供一定的资金支持。对村镇银行执行更低的存款准备金率。对农村资金互助社继续执行不向中国人民银行交存存款准备金的政策。加强中国人民银行的支付结算系统建设，将村镇银行纳入其中。允许村镇银行免费接入中国人民银行征信系统和支付结算系统。应该继续执行对新型农村金融机构免征监管费用的政策。金融监管当局应该支持村镇银行拓展中间业务，例如代办理财、医保、保险等业务。允许民间资本成为村镇银行的主发起人，将民间资本引导到农村金融市场去服务"三农"和小微企业。政府应该允许商业性小额贷款公司股东保留原有控制人的控股权，成为村镇银行的主发起人。大力支持主发起银行批量化设立村镇银行，缓解农村金融服务供给不足。大型国有商业银行通过批量化设立村镇银行可以间接服务"三农"，规避自身直接开展"三农"金融服务无法降低信息不对称带来的信贷风险和交易成本。非银监会推动的农民或农村资金互助组织是农村自发创新的，具有内生性的非正规金融组织，监管当局尽量解决他们的金融经营许可证问题，将其纳入金融监管体系。

8.4.2 均衡布局

金融体系具有风险管理、资源配置和动员储蓄等功能，在促进经济增长中发挥着重要作用。在我国区域经济发展不平衡的背后，与之相伴而生的是区域金融发展的不平衡。区域金融的非均衡发展，必然又会加剧区域经济的失衡格局。区域金融发展差距的扩大和非均衡问题已成为影响我国经济社会协调发展的重要因素。农村金融发展主要靠农村金融机构的发展推动。目前我国新型农村金融机构偏向东部发达地区发展，而中西部和东北地区发展相对缓慢，尤其是在欠发达的县域和农村地区，金融机构少，竞争不充分，无法有效满足农户和小微企业的金融需求。从某种意义上说，金融发展的非均衡制约了中西部和东北地区的经济发展。因此，新型农村金融机构的设立和培育应该尽量向中西部和东北地区欠发达的县域和农村地区倾斜，可以通过对中西部和东北地区实行差别化的财政金融政策来促进新型农村金融机构区域分布的合理化。在中西部和东北地区执行更加宽松的农村金融市场准入条件。在中西部和东北地区的新型农村金融机构成立初期，可以无偿赠予新型农村金融机构发展资金，承担其部分组建成本和开办费用，并在发展初期提供一定的资金支持。对涉农贷款投放比例较高的中西部地区新型农村金融机构提供更多的税收减免和加大财政补贴支出力度。对在中西部和东北地区设立的新型农村金融机构执行低于东部地区的存款准备金率。可以在中西部和东北地区先行推进利率市场化改革试点。

8.4.3　拓宽融资渠道

中国人民银行应该增加对新型农村金融机构发放支农再贷款，政策性银行向新型农村金融机构提供批发贷款。鼓励新型农村金融机构通过市场机制从中国邮政储蓄银行等大中型金融机构拆借资金，并支持新型农村金融机构通过发行债券、票据等形式进行融资。建立大中型金融机构向农村中小金融机构提供批发资金的长效机制。农村中小金融机构和民间小额信贷组织在农村具有信息优势，但在资金方面存在融资渠道狭窄，融资规模有限等问题。大型国有商业银行在农村地区提供金融服务不具备比较优势，其业务活动往往无法适应小农经济，也无法解决因信息不对称而带来的过高信贷风险及交易成本过高等问题。如果大中型金融机构与农村中小金融机构及民间小额信贷组织进行信贷合作，大中型金融机构向农村中小金融机构和民间小额信贷组织批发资金，然后由农村中小金融机构和民间小额信贷组织零售资金给农户和农村中小企业，这样既解决了农村中小金融机构的资金短缺问题，又可以发挥大中型金融机构资金优势和农村中小金融机构及民间小额信贷组织的信息优势，通过优势互补，能有效降低大中型金融机构"三农"金融业务的交易成本，提高其商业化运作信贷资金的效率和效果，最终实现大中型金融机构和农村中小金融机构的双赢。

8.5 本章小结

农村正规金融机构双重目标兼顾的政策建议与对策是：第一，提高农村正规金融机构经营管理水平，具体为优化股权结构和公司治理机制，不断提高公司治理水平；第二，构建社会绩效评价体系，积极开展微型金融业务；第三，完善农村正规金融机构实行双重目标兼顾的制度和政策，具体为改善对农村正规金融机构的监管，加大对农村正规金融机构的政策扶持力度，积极推进相关配套改革；第四，促进新型农村金融机构发展，具体为增加机构数量，尤其是增加综合型农村资金互助社的数量，均衡布局和拓宽融资渠道。

结束语

　　2005 年联合国提出普惠金融这个理念，希望为没有充分享受金融服务的人提供全方位的金融服务。联合国为了促进千年发展目标的实现，把2005 年定为国际小额信贷年。2006 年度诺贝尔和平奖授予了孟加拉国经济学家穆罕默德·尤努斯及其创立的农村银行。微型金融理论和普惠金融理论的发展，使人们认识到开展微型金融业务可以在实现财务可持续的基础上，实现服务农户和小微企业的目标。

　　我国构建了以中国农业银行、中国农业发展银行、农村信用社、农村商业银行和农村合作银行为主角，新型农村金融机构为补充的农村正规金融机构体系，但是随着商业化的发展，它们的逐利趋向越来越明显，渐渐远离农村。因此，有必要研究农村正规金融机构双重目标兼顾的问题，促进农村正规金融机构实现双重目标兼顾。本书分析和评价了农村正规金融机构双重目标兼顾状况，对双重目标兼顾不均衡的原因进行分析，在借鉴国外经验的基础上，针对双重目标兼顾不均衡的原因，提出促进农村正规金融机构双重目标兼顾的政策建议与对策。

　　主要结论：

　　（1）农村正规金融机构双重目标是指财务可持续目标和服务"三农"信贷的目标。财务可持续目标是指在没有政府补贴的条件下能够实现财务收支平衡，并实现盈利。而服务"三农"信贷的目标是指对"三农"信贷服务能够尽可能多地满足农户和农村小微企业及农业发展的信贷需求，有效地解除农户和农村小微企业的信贷约束，扩大农户和农村小微企业的信贷可得性。农村正规金融机构服务"三农"信贷目标与财务可持续目标之间的关系是对立统一关系。农村正规金融机构双重目标兼顾是指农村正规金融机构在财务可持续基础上更好地满足"三农"信贷服务的需要。农村正规金融机构实现双重目标兼顾有利于农村正规金融机构履行社会责任，更有利于农村普惠金融体系的构建。基于农村正规金融机构的双重目标，农村正规金融机构双重目标兼顾的评价指标体系应该包括两个方面：一方面反映农村正规金融机构对当地农村信贷服务的改善；另一方面反映农村正规金融机构自身的财务可持续。

（2）从机构视角来看，农村合作金融机构财务可持续状况有较大改善，而服务"三农"信贷状况没有实质性改善。上市后中国农业银行财务可持续状况有较大的改善，但服务"三农"信贷不但没有改善反而下降了。中国农业发展银行财务可持续状况得到改善，主要原因是内部管理水平提高和农业商业性信贷业务开展，但农业商业性信贷业务对农业政策性信贷业务产生排挤。新型农村金融机构财务可持续状况不断改善，对农户和小微企业信贷服务较好，但目前新型农村金融机构发展速度缓慢和地区分布不合理。从农户视角来看，正规借贷服务不足，导致民间借贷成为农户主要信贷资金来源。正规借贷对农户生产的影响远远小于民间借贷。农户的贷款需求与农村正规金融机构的借贷供给不匹配。从机构视角和农户视角分析和评价可以得出结论，农村正规金融机构双重目标兼顾存在不均衡问题。

（3）案例分析表明，新型农村金融机构的设立填补了农村金融服务空白，缓解了一些地区农户和小微企业的金融供给不足，促进了当地农村经济发展，但一些新型农村金融机构财务可持续状况并不理想，需要政府加大政策扶持力度，减少过度管制，降低市场准入门槛，引导民间资本进入农村金融市场服务农村经济发展。

（4）运用超效率 DEA 模型和 Malmquist 生产率指数，对 2011—2012 年内蒙古自治区呼伦贝尔市 3 家村镇银行的技术效率和全要素生产率变化指数进行测算和分解，实证分析结果表明，当地 3 家村镇银行的财务绩效和支农绩效较好，双重目标兼顾较好。

（5）基于 2006—2010 年农村固定观察点的农户微观面板数据，利用固定效应模型，研究了正规借贷与民间借贷对农户生产的影响。实证分析结果表明，无论是正规借贷还是民间借贷对农户的生产都具有显著影响，尤其是民间借贷对农户生产的影响远远大于正规借贷的影响。正规借贷对农户生产的影响在各地区之间存在显著的差异性，但是民间借贷对农户生产的正向效应在各地区之间不具有明显的差异。

（6）利用 1978—2009 年的数据，建立 VAR 模型研究农村正规金融发展与农民人均收入的关系。实证结果表明，我国农村正规金融发展水平对农民收入有负向影响，农村正规金融效率对农民收入几乎没有影响，农村正规金融结构对农民收入有负向影响。而我国农民收入对农村正规金融发展水平和农村金融结构没有影响，对农村正规金融发展效率有负向影响。

（7）农村正规金融机构双重目标兼顾不均衡的主要原因是：第一，"三农"金融业务交易成本过高、信贷风险较大和盈利水平偏低；第二，农村正规金融机构经营管理水平低，吸收存款难，具体为产权制度缺陷，公司治理水平低，吸收存款难；第三，农村正规金融机构逐利性强，业务创新能力不足；第四，农村正规金融机构实行双重目标兼顾的制度和政策不完善，具体为金融监管制度和政策存在缺陷，政策扶持力度不够，融资渠道狭窄，相关配套改革滞后。

（8）格莱珉银行开展小额信贷业务，不断创新符合穷人需要的贷款产品和技术，帮助穷人增加收入，摆脱贫困，自身也实现财务可持续。格莱珉银行的成功经验证明了贷款机构可以通过还款机制创新取得较高的还款率。格莱珉银行的小额贷款风险控制技术主要包括团体贷款、动态激励、分期还款和担保替代，这些方面值得我们学习和借鉴。日本农协模式是政府提供大量资金和政策上的扶持，鼓励农民组织起来，形成农业合作社。农业合作社将购销合作、生产合作和信用合作融为一体，以资金互助为载体，把农民紧密地联系到一起，提高了农民的组织程度，使农民在市场中的竞争力和谈判力得到提升。这种将信用合作内生于农业合作组织内部，可以有效地利用熟人社会的机制降低借贷行为当事人之间的信息不对称和交易成本，充分发挥社会资本的作用机制，保证农村资金互助组织的规范健康发展。我国有必要借鉴以孟加拉国格莱珉银行为代表的微型金融经营模式和以日本农协为代表的日韩农村合作金融模式。这两种模式可以很好地解决农村正规金融机构双重目标兼顾问题，具体做法为，积极开展微型金融业务和大力发展综合型农村资金互助组织。同时，为了促进农村正规金融机构实行双重目标兼顾，政府应该从财政、金融和货币政策等方面对农村正规金融机构进行政策扶持。

（9）农村正规金融机构双重目标兼顾的政策建议与对策：第一，提高农村正规金融机构经营管理水平。具体为优化农村正规金融机构的股权结构和公司治理机制，不断提高农村正规金融机构的公司治理水平。第二，构建社会绩效评价体系，积极开展微型金融业务。第三，完善农村正规金融机构实行双重目标兼顾的制度和政策。具体为改善对农村正规金融机构的监管，加大对农村正规金融机构的政策扶持力度，积极推进相关配套改革。第四，促进新型农村金融机构发展。具体为增加机构数量，尤其是综合型农村资金互助社的数量，均衡布局和拓宽融资渠道。

存在的不足和拟进一步研究的问题：尽管笔者试图在农村金融机构双重目标兼顾方面做出一些有价值的工作，但由于本人的能力、精力和资料所限，这些努力只不过是一种初步尝试。今后，还有待深入思考农村正规金融机构双重目标兼顾的评价指标体系的构建、不同类型农村正规金融机构评价指标体系的差异化和如何衡量双重目标兼顾程度的问题。

参考文献

［1］白钦先、徐爱田、王小兴：《各国农业政策性金融体制比较》，北京，中国金融出版社，2006。

［2］边编、王朝阳：《国外农村金融发展的经验和启示》，载《中国发展观察》，2008（11）。

［3］步入良性轨道　整体状况稳健　支农主力军作用凸显——银监会有关部门负责人就农村信用社改革发展情况答记者问，http：//www.cbrc.gov.cn，2011－08－02。

［4］曹凤岐、郭志文：《我国小额信贷问题研究》，2008（9）。

［5］柴瑞娟：《村镇银行股权结构研究》，载《法学》，2010（2）。

［6］陈冲：《农村金融发展与农民收入增长：理论假说与实证检验》，载《经济与管理》，2013（6）。

［7］陈世宗、赖邦传、陈晓红：《基于 DEA 的企业绩效评价方法》，载《系统工程》，2005（6）。

［8］陈雨露、马勇：《中国农村金融论纲》，北京，中国金融出版社，2010。

［9］成思危：《我国农村金融的发展历程及面临的挑战》，载《中国经济改革与发展研究》（第二集），北京，中国人民大学出版社，2008。

［10］程恩江，Abdullahi D. Ahmed：《信贷需求：小额信贷覆盖率的决定因素之一——来自中国北方四县调查的证据》，载《经济学》（季刊），2008（4）。

［11］刁莉、黄孝武、程承坪：《拉美地区小额信贷覆盖深度变化及对我国的启示》，载《国际金融研究》，2009（10）。

［12］杜晓山、孙若梅：《中国小额信贷的实践和政策思考》，载《财贸经济》，2000（7）。

［13］杜晓山：《商业化、可持续小额信贷的新发展》，载《中国农村经济》，2003（10）。

［14］杜晓山：《村镇银行发展的成绩、问题和可能的前景》，在第三届中国村镇银行发展论坛上的讲话，2010。

［15］杜晓山：《小额信贷与普惠金融体系》，载《中国金融》，2010（10）。

［16］杜兴端、杨少垒：《农村金融发展与农民收入增长关系的实证分析》，载《统计与决策》，2011（9）。

［17］冯庆水、孙丽娟：《农村信用社双重改革目标冲突性分析——以安徽省为例》，载《农业经济问题》，2010（3）。

［18］高晓燕、孙晓靓：《我国村镇银行可持续发展研究》，载《财经问题研究》，2011（6）。

［19］高艳：《我国农业信贷与农民人均纯收入：一个协整分析》，载《南京财经大学学报》，2007（4）。

［20］宫建强、张兵：《农民借贷对其收入影响的实证分析——基于江苏农户调查的经验数据》，载《江苏社会科学》，2008（3）。

［21］龚明华等：《我国农村金融需求与金融供给问题研究》，北京，经济科学出版社，2009。

［22］顾京圃：《创新村镇银行发展模式，推进城乡统筹发展》，在第三届中国村镇银行发展论坛上的讲话，2010。

［23］关新红：《构建合理的商业银行绩效评价体系》，载《中央财经大学学报》，2003（7）。

［24］郭福春：《农村金融改革与发展问题研究》，杭州，浙江大学出版社，2007。

［25］郭浩达：《扎实推进"三农金融事业部"改革》，载《中国金融》，2012（10）。

［26］郭敏、屈艳芳：《农户投资行为实证研究》，载《经济研究》，2002（6）。

［27］韩俊等：《中国农村金融调查》，上海，上海远东出版社，2009。

［28］韩明、谢赤：《我国商业银行绩效考评体系研究》，载《金融研究》，2009（3）。

［29］何广文、杜晓山、白澄宇、李占武：《2008年中国小额信贷行业评估报告》，北京，中国小额信贷发展促进网络，2009。

［30］何广文、李莉莉：《正规金融机构小额信贷运行机制及其绩效评价》，北京，中国财政经济出版社，2005。

［31］何广文：《"只贷不存"机构运作机制的特征与创新》，载《银行家》，2006（11）。

［32］何广文：《小额信贷成功的基本要素何在》，载《中国金融》，2008（7）。

［33］何亚玲：《双重目标下农村信用社改革与发展现状分析——以甘肃省为例》，载《社科纵横》，2012（10）。

［34］胡帮勇、张兵：《农村金融深化对农户消费需求影响的实证研究》，载《云南财经大学学报》，2011（6）。

［35］黄韩星：《村镇银行可持续发展问题研究》，载《广西金融研究》，2008（12）。

［36］贾康、孟艳：《政策性金融何去何从：必要性、困难与出路》，载《财政研究》，2009（3）。

［37］姜柏林：《资金互助破解农村金融改革难题》，载《银行家》，2006（4）。

［38］蒋定之，《农村金融改革发展三十年》，载《学习时报》，2009－01－05。

［39］焦瑾璞、杨俊：《小额信贷和农村金融》，北京，中国金融出版社，2005。

［40］焦瑾璞等：《农村金融体制和政府扶持政策国际比较》，北京，中国财政经济出版社，2007。

［41］金声：《布局加速　战略各异——我国商业银行发起设立村镇银行的现状及战略分析》，载《中国城市金融》，2010（10）。

［42］靳少华：《经济资本在我国商业银行绩效评估中的应用》，载《商业经济》，2009（5）。

［43］康书生、鲍静海、李巧莎：《外国农业发展的金融支持——经验及启示》，载《国际金融研究》，2006（7）。

［44］李莉莉：《关于村镇银行的制度设计与思考》，载《金融理论与实践》，2007（7）。

［45］李凌：《村镇银行发展中的制约因素》，载《中国金融》，

2011 （1）。

[46] 李萌：《村镇银行四年回顾及展望》，载《银行家》，2011（2）。

[47] 李明贤、李学文：《孟加拉国小额信贷发展的宏观经济基础及中国小额信贷的发展》，载《农业经济问题》，2008（9）。

[48] 李明贤、周孟亮：《我国小额信贷公司的扩张与目标偏移研究》，载《农业经济问题》，2010（12）。

[49] 李平祎、李万县：《从区域金融差异角度看政府行为及其优化》，载《产业与科技论坛》，2008（2）。

[50] 李锐、李宁辉：《农户借贷行为及其福利效果分析》，载《经济研究》，2004（12）。

[51] 李珊：《国外农村政策性金融发展对我国的启示》，载《时代金融》，2007（5）。

[52] 李喜梅、林素媚、陈银芳：《我国新型农村金融机构会履行社会责任吗——基于博弈论视角的分析》，载《贵州财经学院学报》，2009（6）。

[53] 李延春、杨海芬、赵邦宏：《基于 DEA 方法的村镇银行效率评价指标体系构建》，载《西南金融》，2012（7）。

[54] 李扬、王国刚等：《中国金融改革开放 30 年研究》，北京，经济管理出版社，2008。

[55] 廖富洲、单恒伟，《国外农村合作金融发展新趋势》，载《经济日报》，2005 - 10 - 24。

[56] 廖富洲，《农村合作金融发展态势探析》，载《金融时报》，2005 - 09 - 12。

[57] 刘彬、齐梅英：《金融控制理论研究综述》，载《中国证券期货》，2010（9）。

[58] 刘旦：《我国农村金融发展效率与农民收入增长》，载《山西财经大学学报》，2007，29（1）。

[59] 刘文璞：《非政府组织小额信贷的可持续发展》，载杜晓山主编：《中国小额信贷十年》，北京，社会科学文献出版社，2005。

[60] 刘西川、黄祖辉、程恩江：《小额信贷的目标上移：现象描述与理论解释——基于三省（区）小额信贷项目区的农户调查》，载《中国农

村经济》，2007（8）。

［61］柳立：《中国农村金融改革获取的基本经验与共识》，载《金融时报》，2008-12-24。

［62］陆磊：《以综合化、一站式经营实现农村金融机构的财务可持续性》，载《财经》，2009（2）。

［63］陆远权、张德钢：《双重目标约束与农村新型金融机构的可持续发展》，载《南方金融》，2011（8）。

［64］马元月：《借鉴国际经验，促进我国村镇银行的可持续发展》，载《国际金融》，2009（12）。

［65］马忠富：《中国农村合作金融发展研究》，北京，中国金融出版社，2001。

［66］齐寅峰：《公司财务学》，北京，经济科学出版社，2002。

［67］乔安娜·雷格伍德：《小额金融信贷手册》，北京，中华工商联出版社，1999。

［68］秦菡培：《农村资金互助社税收政策探讨》，载《农村经济》，2011（7）。

［69］瞿强：《现代商业银行概论》，北京，中国金融出版社，1994。

［70］曲小刚、刘宏义：《商业性信贷业务的开展对政策性银行的影响——以中国农业发展银行为例》，载《银行家》，2013（1）。

［71］曲小刚、罗剑朝、寇德广：《农村合作金融机构向商业银行改制的趋势》，载《商业研究》，2013（3）。

［72］曲小刚、罗剑朝：《村镇银行发展的制约因素及对策》，载《华南农业大学学报》（社会科学版），2013（3）。

［73］曲小刚、罗剑朝：《大型国有商业银行培育村镇银行的绩效考察——以中国建设银行为例》，载《金融论坛》，2013（2）。

［74］曲小刚、罗剑朝：《农村资金互助社：现状、问题、影响因素和对策》，载《武汉金融》，2013（5）。

［75］曲小刚、罗剑朝：《农村资金互助社的运行绩效和影响因素》，载《农村经济》，2013（4）。

［76］曲小刚、罗剑朝：《商业性小额贷款公司可持续发展的评价和影响因素》，载《西北农林科技大学学报》（社会科学版），2013（3）。

［77］曲小刚、罗剑朝：《上市后中国农业银行服务"三农"的绩效研究》，2013（9）。

［78］曲小刚、罗剑朝：《新型农村金融机构的区域分布特点》，载《征信》，2013（3）。

［79］曲小刚、罗剑朝：《新型农村金融机构可持续发展的现状、制约因素和对策》，载《中国农业大学学报》（社科版），2013（2）。

［80］曲小刚、佟连洪：《新型农村金融机构经营绩效与扶持政策》，载《银行家》，2012（10）。

［81］曲小刚：《国外农村合作金融制度的发展与启示》，载《新疆金融》，2009（9）。

［82］曲小刚：《深化农村金融改革　努力解决农民贷款难》，载《哈尔滨金融高等专科学校学报》，2009（3）。

［83］曲小刚：《新型农村金融机构发展速度差异化及监管解释》，载《前沿》，2013（1）。

［84］曲小刚：《村镇银行双重目标的困境》，载《银行家》，2013（7）。

［85］尚玮、王佳、云佳祺：《利率市场化对村镇银行的影响及其应对措施》，载《沈阳农业大学学报》（社会科学版），2011（11）。

［86］沈明高：　《信贷约束与农户融资》，载《数字财富》，2004（11）。

［87］世界银行：《1989年世界发展报告：金融体系与发展》（中译本），北京，中国财政经济出版社，1989。

［88］孙保营：《国外农村金融支持农村建设与发展的经验和启示》，载《当代经济》，2008（10）。

［89］孙嚣、李凌云：《我国农村金融服务覆盖面状况分析——基于层次分析法的经验研究》，载《经济问题探索》，2011（4）。

［90］孙婧：《中西方商业银行绩效评价体系的比较研究》，载《世界经济情况》，2009（3）。

［91］孙若梅：《小额信贷与农民收入——理论与来自扶贫合作社的经验数据》，北京，中国经济出版社，2006。

［92］孙宗宽：《资金互助社该与谁联姻?》，载《中国农村科技》，

2007（8）。

［93］谭燕芝：《农村金融发展与农民收入增长之关系的实证分析：1978—2007》，载《上海经济研究》，2009（3）。

［94］汤敏：《小额信贷海外经验如何在中国落地》，载《商界》，2006（12）。

［95］汤敏：《小额信贷为什么要有高利率?》，载《经济界》，2007（3）。

［96］汪三贵：《中国小额信贷可持续发展的障碍和前景》，载《农业经济问题》，2000（12）。

［97］汪小亚：《农村金融体制改革研究》，北京，中国金融出版社，2009。

［98］王虎、范从来：《金融发展与农民收入影响机制的研究——来自中国1980—2004年的经验证据》，载《经济科学》，2006（6）。

［99］王曙光、乔郁：《农村金融学》，北京，北京大学出版社，2008。

［100］王曙光：《产权和治理结构约束、隐性担保与村镇银行信贷行为》，载《经济体制改革》，2009（3）。

［101］王文成、周津宇：《农村不同收入群体借贷的收入效应分析——基于农村东北地区的农户调查数据》，载《中国农村经济》，2012（5）。

［102］王兴顺、马兰青：《困境与出路——青海省乐都兴乐农村资金互助社调查》，载《青海金融》，2011（10）。

［103］王智：《大银行办村镇银行意义重大》，载《经济日报》，2008 - 12 - 24。

［104］温涛、冉光和、熊德平：《我国金融发展与农民收入增长》，载《经济研究》，2005（9）。

［105］温涛、王煜宇：《农业贷款、财政支农投入对农民收入增长有效性研究》，载《财经问题研究》，2005（2）。

［106］温铁军、刘海英、姜柏林：《财政与行政资源对农村资金互助社发展的影响》，载《税务研究》，2010（7）。

［107］吴少新、李建华、许传华：《基于DEA超效率模型的村镇银行经营效率研究》，载《财贸经济》，2009（12）。

［108］吴晓灵、焦瑾璞：《中国小额信贷蓝皮书（2009—2010）》，北京，经济科学出版社，2011。

［109］西南财经大学金融学院课题组：《新型农村金融机构可持续发展探讨》，载《改革与战略》，2011（4）。

［110］谢平、徐忠：《公共财政、金融支农与农村金融改革》，载《经济研究》，2006（4）。

［111］谢平：《中国农村信用合作社体制改革的争论》，载《金融研究》，2001（1）。

［112］谢勇模：《农村资金互助社为什么要申请金融许可证》，载《中国金融》，2010（10）。

［113］谢勇模：《从"被边缘化"到"被山寨化"——农村资金互助社蹉跎三年》，载《银行家》，2011（12）。

［114］熊德平、熊白：《论我国农村金融机构可持续发展的经营创新——基于形象和流程再造相结合的视角》，载《中国农村信用合作》，2009（3）。

［115］熊惠平：《基于穷人信贷权的小额信贷瞄准机制及其偏差研究》，载《农村经济》，2007（8）。

［116］胥德勋：《中国农村信用合作社体制研究》，西南财经大学博士论文，2006。

［117］徐忠、张雪春、沈明高、程恩江：《中国贫困地区农村金融发展研究——构造政府与市场之间的平衡》，北京，中国金融出版社，2009。

［118］许崇正、高希武：《农村金融对增加农民收入支持状况的实证分析》，载《金融研究》，2005（9）。

［119］杨骏：《我国农村金融的覆盖面和可持续性——一个系统性回顾和评价》，载《金融与经济》，2007（2）。

［120］杨娴婷、杨亦民：《农村新型金融组织的双重目标：矛盾、原因及对策》，载《农村经济》，2012（4）。

［121］杨小玲：《农村金融发展与农民收入结构的实证研究》，载《经济问题探索》，2009（12）。

［122］杨亦民、肖金桂：《农村新型金融组织双重目标的冲突与协调》，载《湖南农业大学学报》（社会科学版），2012（4）。

［123］姚耀军：《金融支持对农户投资影响的实证分析》，载《中国农业大学学报》（社会科学版），2005（2）。

［124］应寅锋、赵岩青：《国外的农村金融》，北京，中国社会出版社，2006。

［125］游栋明、张文棋：《中外农业政策性金融的比较与启示》，载《亚太经济》，2002（2）。

［126］于海：《中外农村金融制度比较研究》，北京，中国金融出版社，2003。

［127］于卫平、罗剑朝：《陕西省4家村镇银行运行绩效分析与支持政策研究》，载《广东农业科学》，2012（3）。

［128］袁洁、杨亦民、刘志成：《双重目标对农村新型金融组织发展的内在要求——基于经济利益与社会责任的视角》，载《农村经济》，2012（8）。

［129］袁云峰、张波：《商业银行经营绩效综合评价体系研究》，载《国际金融研究》，2004（12）。

［130］张波：《多元目标冲突与农村合作金融机构可持续发展》，载《中国农村信用合作》，2009（5）。

［131］张红宇等：《农民贷款为什么这么难》，载《农村经济文稿》，2011（7）。

［132］张立中、王鹏：《国外农村合作金融发展模式的比较分析及启示》，载《世界农业》，2006（6）。

［133］张文皓等：《农村资金互助社缘何被"山寨化"——基于吉林、浙江、江苏、安徽等地的案例分析》，载《财经界》（学术版），2010（10）。

［134］张小山、李周：《中国农村改革30年研究》，北京，经济管理出版社，2008。

［135］张正平、王麦秀：《小额信贷机构能兼顾服务穷人与财务可持续的双重目标吗？——来自国际小额信贷市场的统计证据及其启示》，载《农业经济问题》，2012（1）。

［136］张正平：《微型金融机构双重目标的冲突与治理：研究进展述评》，载《经济评论》，2011（5）。

［137］赵冬青、王康康：《微型金融的历史与发展综述》，载《金融发展研究》，2009（1）。

［138］赵卉：《国外农业政策性金融发展经验借鉴》，载《浙江经济》，2003（9）。

［139］赵威：《中国农村金融改革三十年》，载《南方农村报》，2008 - 10 - 14。

［140］赵小晶、杨海芬、王建中：《新型农民资金互助社研究》，载《农村金融研究》，2009（5）。

［141］郑智：《问诊村镇银行》，载《21 世纪经济报道》，2010 - 04 - 09。

［142］中共中央政策研究室、农业部农村固定观察点办公室编：《全国农村固定观察点调查数据汇编（2000—2009 年)》，北京，中国农业出版社，2010。

［143］中国农村金融学会：《中国农村金融改革发展三十年》，北京，中国金融出版社，2008。

［144］《中国农业发展银行年度报告（2004—2011 年)》，http：//www. adbc. com. cn。

［145］中国农业银行：《2010 年中国农业银行"三农"金融服务报告》，2011。

［146］中国人民银行货币政策分析小组：《2009 年中国区域金融运行报告》，2009。

［147］中国人民银行货币政策分析小组：《中国货币政策执行报告（2011 年第四季度)》，北京，中国金融出版社，2012。

［148］中国人民银行货币政策分析小组：《稳步推进利率市场化报告》，http：//www. pbc. gov. cn。

［149］中国人民银行货币政策分析小组：《中国货币政策执行报告2012 年第一季度》，2012。

［150］中国人民银行金融稳定分析小组：《中国金融稳定报告2010》，北京，中国金融出版社，2010。

［151］中国人民银行农村金融服务研究小组：《中国农村金融服务报告2008》，北京，中国金融出版社，2008。

［152］中国人民银行农村金融服务研究小组：《中国农村金融服务报告 2010》，北京，中国金融出版社，2011。

［153］中国人民银行农村金融服务研究小组：《中国农村金融服务报告 2012》，北京，中国金融出版社，2013。

［154］中国人民银行调查统计司课题组：《我国利率市场化的历史、现状与政策思考》，载《中国金融》，2011（15）。

［155］中国小额信贷社会绩效管理研究课题组：《商业性小额信贷社会绩效评价——基于哈尔滨银行的案例分析》，载《农村金融研究》，2011（4）。

［156］中国银行业监督管理委员会：《2011 中国银行业监督管理委员会年报》，2011。

［157］周春喜：《商业银行经营绩效综合评价研究》，载《数量经济技术经济研究》，2003（12）。

［158］周立：《农村金融市场四大问题及其演化逻辑》，载《财贸经济》，2007（2）。

［159］周立：《农村金融新政与金融排异》，载《银行家》，2008（5）。

［160］周立：《中国农村金融体系的形成与发展逻辑》，载《经济学家》，2009（8）。

［161］周立：《中国农村金融：市场体系与实践调查》，北京，中国农业科学技术出版社，2010。

［162］周小斌、李秉龙：《中国农业信贷对农业产出绩效的实证分析》，载《中国农村经济》，2003（6）。

［163］朱建武、李华晶：《中小银行经营绩效的国际比较》，载《财经科学》，2007（1）。

［164］朱美玉：《我国村镇银行与美国社区银行对比分析及建议》，载《金融会计》，2011（12）。

［165］朱喜、李子奈：《改革以来我国农村信贷的效率分析》，载《管理世界》，2006（7）。

［166］朱喜、李子奈：《农户借贷的经济影响：基于 IVQR 模型的实证研究》，载《系统工程理论与实践》，2007（2）。

［167］朱信凯、刘刚：《非正规金融缓解农户消费信贷约束的实证分

析》，载《经济理论与经济管理》，2007（4）。

［168］朱信凯、刘刚：《二元金融体制与农户消费信贷选择——对合会的解释与分析》，载《经济研究》，2009（2）。

［169］A Cost – effectiveness Analysis of the Grameen Bank of Bangladesh, Schreiner, M., *Development Policy Review*, Vol. 21, No. 3, pp. 357 – 382, 2003.

［170］Angora, W., F. Bédécarrats, and C. Lapenu. Is Social Performance Profitable? The Relationship between Social and Financial Performance in Microfinance. Micro Banking Bulletin, 19：22 – 29, 2009.

［171］Annim, S. K. Targeting the Poor versus Financial Sustainability and External Funding：Evidence of Microfinance Institutions in Ghana. Brooks World Poverty Institute, Working Paper 8809, 2009.

［172］Armendáriz, B., and A. Szafarz. On Mission Drift of Microfinance Institutions. *CEB Working Papers Series* 09 – 015, Université Libre de Bruxelles, Brussels, 2009.

［173］Armendáriz, B., and J. Morduch. The Economics of Microfinance. Cambridge, MA：The MIT Press, 2005.

［174］Baumann, T. Impact cost—effectiveness Study of Small Enterprise Foundation in South Africa. Small Enterprise Development, 15（3）：28 – 40, 2005.

［175］Brau, J., and G. Woller. Microfinance：A Comprehensive Review of the Existing Literature. *Journal of Entrepreneurial Finance and Business Ventures*, 9（1）：1 – 26, 2004.

［176］Campion, A., and V. White. Institutional Metamorphosis：Transformation of Microfinance NGO's into Regulated Financial Institutions. *The Microfinance Network Occasional Paper*, No. 4, 1999.

［177］CERISE. Social Performance Indicators Initiative – Phase 2：Audit of the Social Performance of Microfinance Institutions：The Definition of a Tool. *Submitted to Swiss Development Cooperation*, Report No. 1, June, 2005.

［178］CERISE. Studies of Links between Social（SPI）and Financial Performance（Mix）for 42 Latin American MFIs. *SPI and Financial Performance*

Brief, No. 7, December. 2008.

[179] Christen, P. , E. Rhyne, R. Vogel, and C. McKean. Maximizing the Outreach of Microenterprise Finance: An Analysis of Successful Microfinance Programs. *USAID Program and Operations Assessment Report* No. 10. Washington, D. C. : U. S. Agency for International Development. 1995.

[180] Christen, P. , E. Rhyne, R. Vogel, and C. McKean. Maximizing the Outreach of Microenterprise Finance: An Analysis of Successful Microfinance Programs. *USAID Program and Operations Assessment Report* No. 10. Washington, D. C. : U. S. Agency for International Development. 1995.

[181] Christen, R. , and D. Drake. Commercialization of Microfinance. In Commercialization of Microfinance: *Balancing Business and Development*, ed. D. Drake and E. Rhyne, 2 – 22. Bloomfield, 2002. CT: Kumarian Press.

[182] Conning, J. Outreach, Sustainability and Leverage in Monitored and Peer – Monitored Lending. *Journal of Development Economics*, 60 (5) : 229 – 248, 1999.

[183] Cull, R. , A. Demirgüç – Kunt, and J. Morduch. Financial Performance and Outreach: A Global Analysis of Leading Microbanks. *Economic Journal*, 117 (5) : 107 – 133, 2007.

[184] Doligez, F. , and C. Lapenu. Stakes of Measuring Social Performance in Microfinance. *CERISE Discussion Papers*, No 1, 2006.

[185] Drake, D. , and E. Rhyne. The Commercialization of Microfinance: *Balancing Business and Development*. Bloomfield, CT: Kumarian Press, 2002.

[186] Fernando, A. Dynamics of Commercial Microcredit: Sustainable Growth. *Working Papers, Asian Development Bank*, 2006.

[187] Frank, C. Stemming the Tide of Mission Drift: Microfinance Transformations and the Double Bottom Line. Focus Note, April 17, *Women's World Banking*, 2008.

[188] Ghosh, S. , and E. Van Tassel. A Model of Mission Drift in Microfinance Institutions. November 25. Available at http: // home. fau. edu/sghosh/web/images / MDNovember25. pdf. 2008.

[189] Gonzalez – Vega, C. , M. Schreiner, R. Meyer, J. Rodriguez,

and S. Navajas. 1996. Microfinance Market Niches and Client Profiles in Bolivia. *Economics and Sociology Occasional Paper* 2346.

[190] Hartarska, V. , and D. Nadolnyak. Do Regulated Microfinance Institutions Achieve Better Sustainability and Outreach? Cross – country Evidence. Applied Economics, 39 (10/12): 1207 – 1222. Hashemi, S. 2007. Beyond Good Intention: *Measuring the Social Performance of MFIs*. CGAP Focus Note, 41 (7) : 4 –21, 2007.

[191] Hermes, N. , R. Lensink, and A. Meesters. Outreach and Efficiency of Microfinance Institutions. *World Development*, 39 (6) : 938 –948, 2011.

[192] Hishigsuren, G. Evaluating Mission Drift in Microfinance: Lessons for Programs with Social Mission. *Evaluation Review*, 31 (3) : 203 –260, 2007.

[193] Hulme, D. , and P. Mosley. Financial Sustainability, Targeting the Poorest, and Income Impact: Are There Trade – offs for Microfinance Institutions? *CGAP Focus Note*, No. 5, December, 1996.

[194] Kereta, B. Outreach and Financial Performance Analysis of Microfinance Institutions in Ethiopia. *African Economic Conference*, Addis Ababa, 2007.

[195] McIntosh, C. , G. Villaran, and B. Wydick. Microfinance and Home Improvement: Using Retrospective Panel Data to Measure Program Effects on Fundamental Events. *World Development*, 39 (6) : 922 –937, 2011.

[196] Microfinance and Poverty: Evidence Using Panel Data fromBangladesh, Kbandker, the World Bank Economic Review, 19 (2), 2005.

[197] Patten, R. H, Rosengard, J. K. and Johnson, D. E. , Microfinance Success Amidst Macro Economic Failure: the Experience of Bank Rakyat Indonesia during the East Asian Crisis, *World Development*, 29 (6): pp. 1057 – 1069, 2001.

[198] Park, A. and Ren, C. , Microfinance with Chinese Characteristics, *World Development*, 29 (1): pp. 39 –62, 2001.

[199] Microfinance's Evolving Ideals: How They Were Formed and Why They are Changing, Rutherford, S. , paper presented at ADBI Annual Conference, Microfinance in Asia: Poverty Impact and Outreach to the Poor, Dec. 5, 2003, Tokyo, 2003.

[200] Mosley, P. , and D. Hulme. 1998. *Microenterprise Finance*: Is There a Conflict between Growth and Poverty Alleviation? *World Development*, 26 (5) : 783 – 790.

[201] Navajas, S. , M. Schreiner, R. L. Meyer, C. Gonzalez – Vega, and J. Rodriguez – Meza. Microcredit and the Poorest of the Poor: Theory and Evidence from Bolivia. *World Development*, 28 (2) : 333 – 346, 2000.

[202] O'Rourke, A. Public – Private Partnerships: The Key to Sustainable Microfinancing. *Law and Business Review of the Americans*, 12 (4) : 34 – 42, 2006.

[203] Olivares – Polanco, F. Commercializing Microfinance and Deepening Outreach? *Journal of Microfinance*, 7 (2) : 47 – 69, 2005.

[204] Park, A. , and Changqing Ren. Microfinance with Chinese Characteristics. *World Development*, 29 (1) : 39 – 62, 2001.

[205] Perera, D. Commercial Microfinance: A Strategy to Reach the Poor? *Working Paper Series*, January 16, University of Kelaniya – Department of Accountancy, 2010.

[206] Rhyne, E. The Yin and Yang of Microfinance: Reaching the Poor and Sustainability. MicroBanking Bulletin, 2: 6 – 9, 1998.

[207] Roodman, D. , and J. Morduch. The Impact of Microcredit on the Poor in Bangladesh: Revisiting the Evidence. Center for Global Development, *Working Papers* 174, 2009.

[208] Rosenberg, R. Does Microcredit Really Help Poor People? *CGAP Focus Note*, 59, January, 2010.

[209] Rural Finance Innovations: Topics and Case Studies. Hess, Ulrich, Erin Bryla and John Nash, Report No. 32726 – GLB, *World Bank*, 2005.

[210] Rural Finance: Issues, Design, and Best Practices, Yaron, Jacob, McDonald Benjamin, and Gerda Piprek, 1997, *World Bank*.

[211] Rural Finance: Recent Advances and Emerging Lessons, Debates, and Opportunities, Nagarajan, Geetha and Richard L. Meyer, Agricultural, Environmental, and Development Economics Department, Ohio State University, 2005.

[212] Rural Financial Markets in Asia: Policies, Paradigms, and Perform-

ance, Meyer, Richard L. and Geetha Nagarajan, 2000, Oxford University Press.

[213] Sen, M. Assessing Social Performance of Microfinance Institutions in India. *Icfai Journal of Applied Finance*, 14 (7): 78 – 86, 2008.

[214] Sinha, F. Social Rating and Social Performance Reporting in Microfinance: Towards a Common Framework. Available at http://zunia.org/uploads/ media / knowledge / Social Performance Rating. pdf. 2006.

[215] The Economics of Microfinance, Beatriz Armendáriz and Jonathan Morduch, 2005, The MIT Press.

[216] The Economics of Small Business Finance: The Roles of Private Equity and Debt Markets in the Financial Growth Cycle, Berger, Allen N. and Gregory F. Udell, Journal of Banking & Finance 22, pp. 613 – 673, 1998.

[217] The Microfinance Experience in Latin America and the Caribbean, Ramirez, A., paper presented at the Asian Development Bank Institute Workshop on Modalities of Microfinance Delivery in Asia, Manila, 4 – 8, October; paper available at www.adbi.org, 2004.

[218] Woller, G. The Cost – effectiveness of Social Performance Assessment: the Case of Prizma in Bosnia – Herzegovina. *Small Enterprise Development*, 15 (3): 41 – 51, 2004.

[219] Yaron, J. Successful Rural Finance Institutions. Discussion Paper 150, Washington, D. C.: *World Bank*, 1992.

[220] Zeller, M., and R. L. Meyer. The Triangle of Microfinance: Financial Sustainability, Outreach, and Impact. Baltimore and London: Johns Hopkins University Press, 2002.

[221] Zeller, M., C. Lapenu, and M. Greely. Measuring Social Performance of Micro – Finance Institutions: A Proposal. *Final Report Submitted to Argidius Foundation and CGAP*. 2003.

致　谢

　　本书是在我的博士论文基础上修改完成的。尽管从研究框架、研究内容和研究方法等方面还有一些不尽如人意之处，但我依然匆匆将其出版，目的是希望能够为有志于农村金融研究的朋友提供一些农村金融发展现状的素材和粗浅的研究思路及看法，向大家抛一块农村金融问题的砖，从而能够引出深入分析农村金融问题的玉。

　　时光荏苒，岁月如梭，自从2006年9月进入西北农林科技大学经济管理学院攻读博士学位以来，回首往事，感慨许多。从论文选题到搜集资料，从写稿到反复修改，其间经历了喜悦、烦躁、痛苦和彷徨。在写作论文的过程中我体会到"小题大做"的意义，科学研究严谨态度的重要，静心不浮躁的必要。

　　在整个论文的漫长写作过程中，始终得到恩师罗剑朝教授睿智深刻的启迪，他治学严谨，具有较高的学术造诣，给予我悉心指导、提供无微不至的帮助，使我不断进步和提高，在此感谢他，并永远铭记在心。

　　郑少锋、吕德宏、郭亚军、魏凤、孔荣、陆迁、朱玉春、王礼力、霍学喜、贾金荣、姚顺波等老师，对本人的帮助也很大，在此表示衷心的感谢。还有我大学本科期间的同学聂海、闫德忠、姬便便、张永良和闫建兴等在杨凌学习期间给我提供无微不至的关怀。同时，感谢2006级博士班的同学姜雅丽、苏荣、高海清、李林、田祥宇、孙宗宽、杨军芳、刘春梅、王生龙及低年级的同门师弟师妹王磊玲、张云燕、牛荣、王芹、房启明、武臻和庸晖等人的帮助。

　　感谢中国人民大学农业与农村发展学院的周立、马九杰、李莹星，北京大学经济学院王曙光，农业部农研中心农村固定观察点处武志刚和当代农史研究室的焦洪波，以及农业部政法司调研管理处杨春华的指导和帮助。

　　中国传媒大学经济与管理学院的前任院长李怀亮、前任书记吴玉莲、任锦鸾副院长、姚林青、池建宇、程静薇、李鸿飞、孙红、王晓燕等老师，以及其他领导和同事，都给我提供了许多帮助和指导，他们的关心和帮助让我感激并铭记在心。

为了丰富本书内容，将本人作为第一作者分别与池建宇、何持之、李妹合作完成并已发表的文章内容加入了本书。同时感谢马婧和何持之同学帮我整理数据。

在求学和工作中，感谢我的父母、岳父岳母以及我的妻子承担了照顾幼女和家务，使我能专心于学业和论文的写作。

在本书写作过程中，曾多次遇到写作误区和盲点，所幸最终能坚持下来，囿于学识，不足之处，请大家指正。

本书得以顺利出版，得到了导师罗剑朝教授领衔的教育部 2011 年度"长江学者和创新团队发展计划"创新团队项目（项目编号：IRT1176）的经费支持，谨致衷心感谢。